INHALT

 CLEVER!
Sparfüchse aufgepasst! Mit diesen Tipps und Tricks können Sie zusätzlich Geld sparen oder etwas Besonderes erleben

 LUXUS LOW BUDGET
Edles echt günstig! Ob Hotel-Suite, Gourmet-Lunch oder Designer-Outfit. Gehen Sie mit uns auf Schnäppchenjagd

W0229444

TOP 10

> Staunen und sparen: Toll, was Sie alles in Berlin für wenig Geld entdecken und erleben können. Hier die besten Adressen unserer Autorin auf einen Blick

Insider Tipp **PHILHARMONIE** [149 E4]

Kostenlose 🐷 Konzerte geben fast jeden Dienstagsmittag die Berliner Philharmoniker und andere hochkarätige Orchester in Berlins renommierter Konzerthalle in der Nähe vom Potsdamer Platz. Günstig sind auch die Familienkonzerte mehrmals im Jahr *(S. 35)*

Insider Tipp **ALTERNATIVE BERLIN** [139 F1]

Wo und wie leben eigentlich Berliner Kreative? Eine dreistündige Führung zu Streetart und -kultur führt Sie zu Künstlern und in die Szeneviertel der Stadt, u.a. nach Kreuzberg und Friedrichshain. Kostenpunkt? Nur so viel, wie Sie spenden möchten *(S. 44)*

Insider Tipp **BONA KOLLEKTIV** [0]

Techno plus Brunch: Geht's besser!? Der perfekte Berliner Sonntag wird Ihnen im Neuköllner BONA Kollektiv beim „Techno-Brunch" serviert. Hier isst man sich günstig satt, während Elektro-DJs im Hintergrund für wirklich mega Stimmung sorgen *(S. 58)*

Insider Tipp **FACTORY KITCHEN** [144 B3]

Ab in das Herz der deutschen Tech-Szene und auf dem Start-Up-Campus mit bärtigen Jungunternehmern lunchen, die mit ihren Erfindungen unser Bild der Welt verändern. Saugen Sie die einmalige Silicon-Valley-Atmosphäre auf und schlemmen inmitten von Hipstern und Nerds für kleines Geld *(S. 63)*

DIE BESTEN LOW BUDGET
INSIDER-TIPPS

 LA BOND – BERLIN [144 B4]

Hübsche Röcke und Kleider aus Jersey und Wollstoffen zum Minipreis bei guter Qualität. Designerin Larissa Runge berät Sie gerne und ändert auf Wunsch gleich um *(S. 74)*

 MONKEY BAR [148 B5]

Bester Platz von Welt, um super romantisch (Ehrenwort!) den Sonnenuntergang über den Wipfeln des riesigen Tiergartens zu genießen – für lau! Dazu gibt's fantastische Drinks zu fairen Preisen: unschlagbar! *(S. 87)*

SISYPHOS [153 B4]

Barfuß im Sand feiern (fast) ohne Ende: Für einmalig nur 10 Euro kann von Freitag bis Montag in dem ultra angesagten Technoclub in einer ehemaligen Hundekuchenfabrik durchgetanzt werden *(S. 92)*

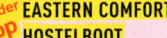 **EASTERN COMFORT HOSTELBOOT** [152 A3]

Weil nichts in Berlin 08/15 ist, wird sogar Camping legendär! Lassen Sie sich für kleines Geld in einem Zelt auf dem Dach des schwimmenden Hostels auf der Spree sanft in den Schlaf schaukeln *(S. 106)*

MUSEUMSDORF DÜPPEL [0]

Wie mit der Zeitmaschine zurück ins Mittelalter katapultiert, für alle unter 18 sogar kostenlos! Sehen, hören, schmecken, fühlen, wie es vor 800 Jahren abging – abgefahren! *(S. 127)*

AUFSCHNITT BERLIN [152 C2]

Los nach Friedrichshain und ein Pfund gemischtes Hack bestellen: aus Stoff! In der weltersten „Textilmetzgerei" Mitbringsel für wenig Geld, aber mit Wow-Faktor *(S. 129)*

> **Günstig mit Bahn, Bus oder Billigflieger nach Berlin:**
> **Willkommen in der Schnäppchen-Metropole**

Viele staunen, wenn Sie nach Berlin kommen: Fast alles scheint viel günstiger zu sein als zu Hause! Dass die Stadt an der Spree nicht nur deutscher Regierungssitz, sondern auch Schnäppchen-Hauptstadt ist, hat sich mittlerweile herumgesprochen. Doch wo ist es eigentlich besonders günstig? Und vor allem: Wie kommt man möglichst preiswert hin? Auf den folgenden Seiten erhalten Sie jede Menge Tipps und Adressen, wie eine Reise nach Berlin auch mit schmalem Geldbeutel erschwinglich wird. Suchen Sie sich etwa Mitfahrer für eine Autofahrt (S. 9) und teilen sich die Spritkosten, oder reisen Sie mit einem

Sparticket der Bahn (S. 7) oder dem Fernbus (S. 9). In jedem Fall gilt: Wer früh bucht oder sich um Mitreisende kümmert, gibt weniger Geld aus. Dann kostet die Anfahrt vielleicht nur 9 Euro, und Sie haben jede Menge übrig für Ihren Einkaufsbummel oder das aufregende Berliner Nachtleben. Wir wünschen gute Reise!

ANFAHRT

AUTO

Sie fahren gerne selbst? Günstig nach Berlin kommen Autobesitzer, indem sie einfach jemanden mitnehmen. Wer jedoch seine Freunde oder Verwandte nicht zu einem Trip nach Berlin über-

START IN DIE STADT

reden kann, der muss keinesfalls alleine starten. Eine Mitfahrzentrale Ihres Vertrauens liefert Ihnen schnell und unkompliziert einen oder mehrere Mitfahrer. Große deutsche Onlineportale wie *www.blablacar.de* bieten u. a. einen Handy-Service an. Mit Hilfe der App kann man sogar noch unterwegs nach Mitfahrern oder Mitfahrgelegenheiten suchen. Wichtig für Autofahrer: Die Berliner Innenstadt gilt als Umweltzone und darf nur mit Plakette befahren werden. Unter *www.berlin. de/labo/mobilitaet/kfz-zulassung/fein staubplakette/shop.85047.php* können Sie diese online bestellen (6 Euro).

BAHN
Stündlich fährt die Deutsche Bahn Sie aus allen Teilen Deutschlands in die Hauptstadt. Wer früh bucht und werktags fährt, kann Schnäppchen ergattern, z. B. eine Hin- und Rückfahrt mit dem IC ab Frankfurt/Main für rund 58 Euro. Noch günstiger fahren Sie mit dem Schönes-Wochenende- oder dem Quer-durchs-Land-Ticket in Nahverkehrszügen (langsam!). Für 44 bis 68 Euro fahren bis zu fünf Personen durch ganz Deutschland nach Berlin. Werktags kostet der Spaß 44 Euro für eine Person, 52 Euro für zwei und 68 Euro für vier Fahrer. Für eine Reise von München nach Berlin mit dem Schönes-Wochenende-Ticket brauchen Sie allerdings neun Stunden und müssen mehrmals umsteigen. In dieser Zeit kann man z. B. prima das Buch zu Ende lesen, das schon so lange auf dem Nachtisch lag. Sie su-

Insider Tipp

chen noch Mitfahrer, damit die lange Fahrt schön günstig wird und Sie nicht alleine fahren müssen? Geben Sie z. B. unter *www.blablacar.de* eine kostenlose Anzeige auf, mit der Sie Weggefährten suchen. Eine Fahrt von Saarbrücken nach Berlin kostet Sie dann mit einem Schönes-Wochenende-Ticket pro Person nur ca. 13,60 Euro! Wer keinen ganz so weiten Anfahrtsweg hat, kann auch unter der Woche mit Ländertickets preiswert nach Berlin gelangen. Mit einem Sachsenticket (Einzelticket 24 Euro plus 7 Euro Aufpreis pro Person) oder einem Brandenburg-Berlin-Ticket (29 Euro) kommen bis zu vier Personen z. B. von Dresden nach Berlin. Schon gewusst? Kinder unter 15 Jahren 🐷 fahren bei der Bahn kostenlos mit in Begleitung ihrer Eltern oder Großeltern, sie müssen jedoch auf dem Fahrschein vermerkt werden. Wichtig: Tickets sind am Automaten (Bahnhof) oder online günstiger als am Fahrkartenschalter! *Tel. 0180/ 699 66 33 (20 Cent/Min. aus dem deutschen Festnetz) | www.bahn.de*

BUS

Billiger geht's nicht: Eine Fahrt mit dem FlixBus nach Berlin gibt es

schon ab 9 Euro! In den komfortablen Reisebussen der Busgesellschaft FlixBus *(www.flixbus.de)* fahren Sie z. B. ab Kassel in rund fünf Stunden nach Berlin. Das ist zwar nur halb so schnell wie mit dem ICE, dafür supergünstig (18 Euro), und man kommt dank Bordverkauf von Snacks und Heißgetränken (Kaffee!) entspannt an. Tipp: Billige Plätze in Linienbussen werden im Internet unter *www.fahrtenfuchs.de* angeboten, z. B. auf der Strecke Kopenhagen–Berlin für nur rund 20 Euro! Auch regionale Busgesellschaften bieten sehr preiswerte Berlinfahrten in Kombination mit einem Hotelaufenthalt an. Häufig befinden sich diese Hotels allerdings am Stadtrand oder in weniger attraktiven Lagen. Achten Sie auf die Angebote in Ihrer Tages- oder Wochenzeitung.

FLÜGE

Sparfüchse wissen: Wer früh bucht, zahlt weniger. Aktionsangebote der Billigflug-Anbieter (z. B. *www.easy jet.de, www.eurowings.de)* unterbieten mitunter sogar die Bahnpreise. Hin- und Rückflüge gibt es schon ab 60 Euro. Unter *www.billigflieger.de* werden Berlinbesuchern die güns-

tigsten Flüge aufgelistet. Generell gilt: Wenn Sie nicht in den Schulferien oder an einem verlängerten Wochenende fliegen, wird die Reise preiswerter. Und auch die Jahreszeit spielt eine Rolle: Im Winter sind Berlinflüge erschwinglicher als zur Hauptsaison zwischen Mai und September.

ANKUNFT

BAHNHÖFE

Modern und mittendrin: Der Berliner Hauptbahnhof neben dem Regierungsviertel ist Europas größter Kreuzungsbahnhof. Sämtliche Fernzüge laufen hier ein, zusätzlich halten die meisten ICE und IC am Ostbahnhof sowie einige auch an den Regionalbahnhöfen Südkreuz, Gesundbrunnen und Spandau. Eine automatische Fahrplanauskunft bekommen Sie unter der kostenlosen Telefonnummer: *Tel. 0800/150 70 90.* Vom Hauptbahnhof fahren mehrere Busse sowie S-Bahnen und die U-Bahnlinie 55 zu Ihrer Unterkunft. Eine Welcomecard (S. 11), mit der Sie u. a. günstig Bahn und Bus fahren können, erhalten Sie in der Touristinformation im Erdgeschoss. Wenn die Unterkunft in der Nähe ist und Sie zu

mehreren reisen, lohnt sich auch eine Kurzstrecke mit dem Taxi (S. 15).

BUSBAHNHOF

Mit dem Bus angereist? Dann geht es jetzt bequem weiter. Der Zentrale Omnibusbahnhof (ZOB) liegt ca. 4 km vom Bahnhof Zoo im Westen Charlottenburgs neben dem Messegelände am Funkturm. Von dort aus gelangt man mit der U 2 (Kaiserdamm) sowie den S-Bahnlinien S 41, 42, 45, 46 und 47 (Messe Nord/ICC) – umsteigen über Westkreuz! – oder dem Metrobus M 49 in zehn Minuten ins Zentrum. Einige Fernbusse halten auch am Alexanderplatz. Fahrplanauskünfte und Buchungen unter *Tel. 346 55 07 50* und *www.fahrten fuchs.de.*

FLUGHÄFEN

Demnächst soll es nur noch einen geben: Der Flughafen Schönefeld (SXF) wird zum Hauptstadt-Airport (BER) Flughafen Berlin Brandenburg ausgebaut. Nach der für 2020 geplanten Eröffnung des Hauptstadt-Airports „Willy Brandt" soll der Flughafen Tegel (TXL) aufgegeben werden. Am günstigsten kommen Sie von beiden Flughäfen mit Bus und Bahn in die Innenstadt. Tickets gibt es an den Haltestellen. Wer Geld sparen möchte, besorgt sich im Flughafen Tegel am Fahrkartenautomaten oder bei der Touristinformation am Gate 1 eine Welcomecard (s. u.) und kann sie gleich nutzen, um damit Bus und Bahn zu fahren. Mit den Bussen X 9 und 109 gelangt man in ca. 20 Minuten direkt zum Zentrum West am Bahnhof Zoo. Zum Zentrum im Ostteil der Stadt am Alexanderplatz (über Unter den Linden) fährt in ca. einer halben Stunde der Expressbus TXL. Von Schönefeld aus fährt die S-Bahnlinie 9 ins Zentrum der Stadt, zum Alexanderplatz dauert die Fahrt etwa 35 Minuten, zum Bahnhof Zoo ca. 50. Schneller geht es mit dem Airport-Express, einem Regionalzug, der halbstündlich vom Flughafen abfährt. Eine Taxifahrt von Tegel zum Bahnhof Zoo kostet ca. 21 Euro, zum Alexanderplatz ca. 25 Euro. Vom Flughafen Schönefeld ins Zentrum fährt Sie ein Taxifahrer für ca. 35 bis 40 Euro. Vielleicht haben andere Reisende dasselbe Ziel? Mit einer Fahr-

CLEVER!

> *Rabattkarten bringen Sie günstig hin*

Wer mehrere Museen und Theater besuchen möchte und öfter in Bahnen und Busse steigt, spart mit der Citytourcard oder der Welcomecard (Preise jeweils für Tarifbereich AB): Für 16,90 Euro bzw. 19,90 Euro können Sie 48 Stunden sämtliche öffentlichen Berliner Verkehrsmittel nutzen und Museen, Theater und Opern günstiger besuchen. Für 72 Stunden kostet die Citytourcard 23,90 Euro, die Welcomecard 28,90 (inkl. Museumsinsel 45) Euro. Wer fünf Tage bleibt, zahlt 33,90 Euro bzw. 36,90 Euro. Familien sparen mit der Welcomecard ABC, die auch in Potsdam gilt. Ein Erwachsener kann bis zu drei Kinder gratis mitnehmen (48 Std. 22,90 Euro, 72 Std. 30,90 Euro, inkl. Museumsinsel 47 Euro, für fünf Tage 41,50 Euro). Mit der Citytourcard erhält man für ca. 40 Museen und Attraktionen Vergünstigungen. Bei der Welcomecard sind es rund 200 Orte, die Rabatt geben. Die Karten erhalten Sie u. a. an Fahrscheinautomaten und online unter *www.berlin-welcomecard.de, www.citytourcard.com*.

gemeinschaft kommen Sie bequemer und nur einen Tick teurer als mit dem öffentlichen Nahverkehr zu Ihrer Unterkunft.

TOURISTINFORMATIONEN

Hier erhalten Sie Antwort auf (fast) alle Ihre Fragen:

Hauptbahnhof | tgl. 8–22 Uhr | Eingang Europa-Platz
Neues Kranzler Eck | Mo–Sa 9.30–20 Uhr | Kurfürstendamm 21
Brandenburger Tor | tgl. 9.30–19, Nov.–März bis 18 Uhr | Pariser Platz
Flughafen Tegel | tgl. 8–21 Uhr | Terminal A, Gate 1

CLEVER!

> Dos & Don'ts in Berlin

Einzelfahrscheine des öffentlichen Nahverkehrs sind zwar zwei Stunden lang gültig. Um gebrauchte Tickets, die angeblich noch nicht abgelaufen sind, sollten Sie dennoch einen großen Bogen machen! Zwar werden diese von Händlern auf fast jedem Bahnhof angeboten, aber die Stempelung ist für Laien nicht durchschaubar. Werden Sie mit einem falschen Fahrschein erwischt, gilt das als Schwarzfahrt, und Sie sind 60 Euro los!

Informationen im Internet auf *www. visitberlin.de* und telefonisch unter *Tel. 25 00 25.* Informationen über Unterkünfte und Sightseeing finden Sie auch auf der offiziellen Webseite Berlins: *www.visitberlin.de.*

WOHIN ZUERST?

MIT DER RINGBAHN UMS ZENTRUM

Endlich da! Was gibt es jetzt Besseres, als sich erstmal einen Überblick zu verschaffen? Steigen Sie zum Beispiel am Bahnhof Gesundbrunnen (Wedding) in die Ringbahn S 41 oder S 42 und fahren Sie einmal um das Stadtzentrum herum (Fahrpreise S. 14). Unterwegs passieren Sie den Funkturm mit dem Messezentrum, die wilhelminischen Bauten des Weddings, den Volkspark Humboldthain mit seinem begrünten Flakbunker und die riesigen Plattenbausiedlungen Lichtenbergs. Innerhalb einer Stunde sehen Sie alle Facetten Berlins, vom Multikulti-Bezirk Neukölln bis zu den Villen im Stadtteil Halensee. Wer mag, steigt unterwegs einfach mal aus und geht auf Erkundungstour, etwa im Treptower Park mit der Archenhold Sternwarte (S. 37) und dem Sowjetischen Ehrenmal oder an der Station Westend mit dem Schloss Charlotten-

Bild: Den Küchen der Welt begegnen in Neukölln

burg (S. 17) in der Nähe. So lernen Sie Berlin auf einen Schlag kennen und die Berliner gleich mit. Denn natürlich fahren Sie nicht allein …

UNTERWEGS IN BERLIN

BAHN, BUS, TRAM

Am schnellsten und günstigsten kommen Sie in Berlin mit öffentlichen Verkehrsmitteln voran. U-Bahnen fahren werktags tagsüber fast auf allen Strecken im Fünf-Minuten-Takt, und die Züge passieren am Wochenende sogar nachts ca. alle zehn Minuten die U-Bahnhöfe der Innenstadt. Ein Einzelfahrschein (Tarifbereich AB) kostet 2,80 Euro (4-Fahrten-Karte 9 Euro) und ist zwei Stunden lang gültig mit Fahrtunterbrechungen, aber nur in eine Richtung! Eine Tageskarte (AB) kostet 7 Euro, eine Kleingruppen-Tageskarte (AB) für bis zu fünf Personen 20,60 Euro *(BVG: Tel. 194 49 | www. bvg.de; S-Bahn: Tel. 29 74 33 33 | www.s-bahn-berlin.de)*. Wer auch noch viele Museen und Theater besuchen

Mit dem Rad unterwegs in Berlin, und die gute Laune kommt mit

möchte, der ist mit einer Welcomecard oder einer Citytourcard besser bedient (S. 11).

FAHRRAD

Wer die Stadt ohne „Öffis" (so nennt der Berliner seine öffentlichen Verkehrsmittel) erkunden möchte, leiht sich am besten ein Fahrrad. Herrlich in der Sonne durch die Stadt radeln macht nämlich nicht nur gute Laune, es ist auch billig! Pro Tag kostet die Ausleihe zwischen 8 und 15 Euro. Günstiger wird es, wenn Sie das Rad gleich mehrere Tage mieten. Absolut bezahlbar ist das vom Land Berlin geförderte öffentliche Fahrradverleihsystem der Firma Deezer nextbike. Für nur 3 Euro Grundgebühr können Sie sich ein Rad ausleihen. Die erste halbe Stunde ist kostenlos, für jede weiteren 30 Minuten fallen 1 Euro an, sodass ein Tag pro Ausleihe maximal 12 Euro kostet. Alternativ können Sie auch die Kundenhotline *(Tel. 12 08 63 64)* anrufen. Für die telefonische Registrierung wird allerdings eine saftige Servicegebühr von 3 Euro erhoben. Eine Liste aller Fahrradverleihe finden Sie unter *www.tip-berlin.de/fahrradver leih-berlin.*

INTERNET

Smartphone-Nutzer haben es auch in Berlin ziemlich gut. Die allermeisten Hostels, Pensionen und Hotels bieten gratis WiFi. Seit 2015 gibt es auch das kostenlose WLAN-Netz „Free WiFi Berlin", mit dem man an vielen Sightseeing-Orten, wie dem Brandenburger Tor, dem Fernsehturm oder an der Spandauer Zitadelle, mit dem Smartphone ins Internet kann. Insgesamt sind etwa 700 Hotspots (Tendenz sehr steigend) überall in der Stadt verteilt.

TAXI

Kurz und gut! Wenn Sie nur mal schnell „um die Ecke" müssen, sollten Sie den günstigen Kurzstreckentarif in Anspruch nehmen. Für 5 Euro kommen Sie mit einem auf der Straße angehaltenen Taxi 2 km weit. Achtung: Den Taxifahrer auf die Kurzstrecke hinweisen, damit er rechtzeitig anhält. Mit einer Fahrgemeinschaft wird auch eine längere Fahrt erschwinglich. Die Einstiegsgebühr kostet 3,90 Euro, die ersten Kilometer 2 Euro und ab dem siebten 1,50 Euro. Beim Bezahlen mit Kreditkarte wird eine Extragebühr (1,50 Euro) fällig. Beginnt die Fahrt am Flughafen Tegel, zahlt man einen Zuschlag von 0,50 Euro.

TOP 10

> Das sollten Sie nicht verpassen! Auch, wenn der eine oder andere Eintritt nicht immer den Geldbeutel schont: Diese Sehenswürdigkeiten gehören in Berlin einfach dazu

1 BOTANISCHER GARTEN [0]

Besonders zu empfehlen an grauen Regentagen: der üppig grüne Botanische Garten. Schlendern Sie entspannt durch tropische Palmengärten, in denen es zwitschert und trällert wie im Urwald. *Eintritt 6 Euro | tgl. 9.30–17 Uhr (im Sommer länger) | Eingänge Unter den Eichen u. Königin-Luise-Straße | Tel. 83 85 01 00 | www.bgbm.org | S 1 Botanischer Garten | Steglitz*

2 BRANDENBURGER TOR 🐷 [149 F3]

Es gibt wohl keinen Ort in ganz Berlin, der auf so vielen Selfies mit drauf ist, wie das von Carl Gotthard Langhans erbaute Berliner Wahrzeichen. Die berühmte Quadriga auf dem Torbogen wurde 1806 von Napoleon nach Paris entführt und acht Jahre später wieder zurückerobert. Zu Mauerzeiten stand das 20 m hohe Tor direkt im Grenzstreifen und war nicht passierbar. *U-/S-Bahn Brandenburger Tor | Tiergarten*

3 FERNSEHTURM [137 F1]

17,50€

Den ganzen Trubel mal mit Abstand betrachten! Aus einer Höhe von 203 m klappt das ziemlich gut. Dank eines SMS-Terminsystems müssen Sie am Eingang nicht Schlange stehen. Sie werden benachrichtigt, wenn Sie an der Reihe sind, den schnellen Lift nach oben zu besteigen. *Eintritt 13 Euro | tgl. Nov.–Feb. 10–24, März–Okt. 9–24 Uhr | Panoramastr. 1 a | www.tv-turm.de | U-/S-Bahn Alexanderplatz | Mitte*

4 GENDARMENMARKT 🐟 [139 D4]

Am schönsten Platz der Stadt prunken der Französische Dom und der Deutsche Dom (S. 21) sowie das Konzerthaus Berlin, das ursprünglich als Schauspielhaus diente und 1818–21 nach Plänen des berühmten Berliner Baumeisters Karl Friedrich Schinkel erbaut wurde. Auf dem Gendarmenmarkt findet der schönste Weihnachtsmarkt Berlins statt. *U 2, 6 Stadtmitte | Mitte*

⭐ 5 JÜDISCHES MUSEUM [158 B1]

Allein der von Stararchitekt Daniel Liebeskind entworfene Museumsbau schlägt einen in Bann durch seine bizarre Form. Drinnen wird die Geschichte der Juden in Europa eindrücklich vor Augen geführt. *Eintritt 8 Euro | Mo 10–22, Di–So 10–20 Uhr | Lindenstr. 9–14 | Tel. 25 99 33 00 | www.jmberlin.de | U 6 Hallesches Tor | Kreuzberg*

⭐ 6 MUSEUMSINSEL [150 B2]

Beeindruckender Komplex aus fünf riesigen Museen: Bode-, Pergamonmuseum, Neues Museum, Altes Museum und Alte Nationalgalerie. Dieses Ensemble ist weltweit einmalig, weshalb es von der UNESCO offiziell zum Weltkulturerbe erklärt wurde *(S. 25)*

⭐ 7 REGIERUNGS-VIERTEL [149 E–F2]

Hier kommen Sie Deutschlands Politik ganz nah: Im von Schulte und Frank entworfenen „Band des Bundes" wird seit 1999 regiert. Von der Kuppel des Reichstags haben Sie einen tollen Blick über die Stadt. *U 55 Bundestag | Tiergarten*

⭐ 8 SCHLOSS CHARLOTTENBURG [146–147 C–D2]

Sophie Charlottes Sommersitz: Herrschaftliche Pracht des 18. Jh. mit wunderschönem Schlosspark und Mausoleum. *Eintritt 10 Euro (Altes Schloss), 10 Euro (Neuer Flügel) | Nov./Dez. Di–So 10–17, Jan.–März 10–16.30, April–Okt. 10–17.30 Uhr | Spandauer Damm | Tel. 32 09 11 | www.spsg.de | S 41, 42 Westend | Charlottenburg*

⭐ 9 SCHLOSS SANSSOUCI [0]

Potsdams Schlossensemble begeistert mit Orangerie, Chinesischem Teehaus, Skulpturen und Fontänen. *Eintritt 12 Euro, erm. 8 Euro, Schlosspark frei | Nov./Dez. Di–So 10–17, Jan.–März 10–16.30, April–Okt. 10–17.30 Uhr | Maulbeerallee | Tel. 0331/969 42 00 | www.spsg.de | S 7 Potsdam | Potsdam*

⭐ 10 SONY CENTER [149 E–F4]

Die von Stararchitekt Helmut Jahn entworfene Zeltdachkonstruktion gilt als modernes Wahrzeichen Berlins mit Kinos und Restaurants. *Potsdamer Platz | U-/S-Bahn Potsdamer Platz | Tiergarten*

> **Berlin ist Europas Hauptstadt der Kultur. So viele Theater, Opernhäuser, Kinos, Museen und Galerien gibt es sonst nirgends, und das mitunter bei freiem oder geringem Eintritt**

Gute Unterhaltung muss nicht teuer sein, und wer wertvolle Bilder etwa in der Gemäldegalerie (S. 22) einmal aus der Nähe betrachten will, kann das mithilfe von Rabattkarten (S. 11) wesentlich günstiger als normalerweise. Auch der Besuch einer Oper hängt auf keinen Fall vom Geldbeutel ab. Neben den großen Häusern bieten kleine Privattheater oder die beiden Berliner Musikhochschulen (S. 35) erstklassige musikalische Aufführungen auf hohem Niveau. Super Möglichkeit, für kleines Geld beim Lunch die digitalen Tech-Pio-

niere Berlins zu beobachten, bietet die Factory Kitchen (S. 63). Mit über 600 Galerien gehört die Hauptstadt zu den weltweit wichtigsten Kunstmetropolen, und das Beste daran: fast alle können Sie gratis besuchen! Eine Auswahl der wichtigsten Galerien gibt Ihnen auf den folgenden Seiten einen Einblick in die aktuelle Kunstszene. Wo Sie günstige Eintrittskarten bekommen oder ein Gratiskonzert stattfindet, erfahren Sie ebenfalls in diesem Kapitel. Spontanbesucher von Theater- oder Konzertvorstellungen etwa haben große Chancen, Ti-

KULTUR & EVENTS

ckets am selben Tag für die Hälfte zu kaufen, zum Beispiel beim Eintrittskartenvertrieb Hekticket (S. 29). Und wer nicht älter als 30 Jahre ist, kann mit der Classiccard (S. 24) noch mehr sparen. Lernen Sie Entwürfe bekannter Architekten (s. u.) kennen, hören Sie die berühmten Philharmoniker bei beim Lunchkonzert (S. 35), oder besichtigen Sie eine Plattenbauwohnung mit DDR-Möbeln (S. 26). Das alles für null Euro. So haben Sie am Ende des Tages viel erlebt und wenig ausgegeben. Viel Spaß!

GALERIEN & MUSEEN

AEDES ARC 🐷   [144 B4]

Ideen und Entwürfe berühmter Architekten entdecken: Die bekannte Galerie für Architektur präsentiert in ihren 300 m² großen Räumen auf dem Gelände der ehemaligen Brauerei Pfeffer, welche Bedingungen und Hintergründe das Design eines Hauses beeinflussen und welche Ziele berühmte Architekten verfolgen. Im integrierten Studio werden u.a. Forschungs- und Nachwuchsarbeiten gezeigt. *Eintritt frei | Di–Fr 11–18.30, Sa, So 13–17 Uhr | Christinenstr. 18–19 | Tel. 282 70 15 | www.aedes-arc.de | U 2 Senefelderplatz | Prenzlauer Berg*

ALLIIERTENMUSEUM 🐷   [0]

Die Militärangestellten der Alliierten prägten bis zur Wende nachhaltig das Geschehen in der Stadt. Eine Ausstellung dokumentiert anhand von Jeeps, Wachhäuschen, Uniformen und Fotos Leben und Wirken von Briten, Fran-

zosen und Amerikanern vom Einmarsch in Berlin bis zum Abzug 1994. Der „Rosinenbomber" auf dem Freigelände dient im Sommer sonntags als Kino. Gezeigt wird historisches Filmmaterial. *Eintritt frei | Di–So 10–18 Uhr | Clayallee 135 | Tel. 818 19 90 | www.alliiertenmuseum.de | U 3 Oskar-Helene-Heim | Zehlendorf*

BLAIN/SOUTHERN 🐷 [149 E5]

Licht- und Schatten-Installationen von Tim Noble und Sue Webster oder mystische Arbeiten von Jonas Burgert – die britischen Galeristen

CLEVER!

> **Günstiger ins Museum**

Wer sich möglichst viele Ausstellungen anschauen möchte, sollte sich den Berliner Museumspass 3-Tage-Karte kaufen, mit dem man für 29 Euro (Schüler und Studenten 14,50 Euro) an drei aufeinanderfolgenden Tagen Berlins Museumslandschaft erkunden kann. Das Ticket bietet freien Zutritt zu insgesamt über 30 Ausstellungen und Museen. Es ist in den Museen, Touristinformationen oder auch online erhältlich. *www.visit berlin.de/de/museumspass-berlin*

Harry Blain und Graham Southern bieten spektakuläre moderne Kunst im ehemaligen Verlagshaus des Tagesspiegels. Bei manchem Kunstwerk läuft Ihnen garantiert ein Schauer über den Rücken – so gespenstisch ist die Atmosphäre. *Eintritt frei | Di–Sa 11–18 Uhr | Potsdamer Str. 77–87 | Tel. 644 93 15 10 | www.blainsouthern.com | U 1, 2 Kurfürstenstraße | Tiergarten*

CAMERA WORK 🐷 [136 C3]

Die Stars der Fotokunst in lichtem Loft-Ambiente, und das gratis! Werke von Helmut Newton oder Peter Lindbergh, aber auch aktuelle Top-Fotografen wie Jean-Baptiste Huynh, Russel James oder Bettina Rheims werden in wechselnden Ausstellungen gezeigt. *Eintritt frei | Di–Sa 11–18 Uhr | Kantstr. 149 | Tel. 310 07 73 | www.camerawork.de | S 3, 5, 7, 75 Savignyplatz | Charlottenburg*

CONTEMPORARY FINE ARTS 🐷 [136 C4]

Die Galerie befindet sich in einer wunderschönen und typisch berlinerischen Altbauwohnung mit Stuck. Hier können Sie Kunst von bekannten Malern wie Daniel Richter, Jonathan Meese, Marc Brandenburg oder

KULTUR & EVENTS

Georg Baselitz sehen. *Eintritt frei | Di–Sa 11–18 Uhr | Grolmanstr. 32/33 | Tel. 887 77 71 67 | www.cfa-berlin.com | U 1 Uhlandstraße | Charlottenburg*

DAIMLER KUNSTSAMMLUNG 🐷 [149 F4]

Rund 1800 Arbeiten von 600 Künstlern umfasst die Kunstsammlung des berühmten Autobauers. Eine Auswahl davon können Sie am Potsdamer Platz gratis bewundern. Jeff Koons Balloonflower etwa ziert den Platz vor dem Musicaltheater. Ein paar Schritte entfernt davon werden u.a. Werke von Oskar Schlemmer, Max Bill, Auke de Vries, Andy Warhol, Georg Winter und Walter de Maria in wechselnden Ausstellungen gezeigt. *Eintritt frei | tgl. 11–18 Uhr | Alte Potsdamer Str. 5 | Tel. 25 94 14 20 | www.art.daimler.com | U-/S-Bahn Potsdamer Platz | Tiergarten*

DEUTSCHER DOM 🐷 [139 D4]

Highlight sind hier die täglich um 14 Uhr stattfindenden Dokumentarfilmvorführungen, u.a. über das Berlin der 1920er-Jahre und Berlin im Bombenhagel. Die Dauerausstellung „Wege, Irrwege, Umwege. Die Entwicklung der parlamentarischen De-

Wertvolle Kollektion des Autoherstellers: die Daimler Kunstsammlung

mokratie in Deutschland" des Deutschen Bundestags ist im Deutschen Dom auf fünf Etagen verteilt (mit Fahrstuhl). Sie befand sich vor der Wende im Reichstag (S. 40). Auch die Architektur des ehemaligen Kirchenbaus am Gendarmenmarkt (S. 16) aus dem 18. Jh. lohnt einen Besuch. Zwischen 11 und 17 Uhr wird alle 30 Minuten eine halbstündige Führung angeboten, außerdem ist das Ausleihen von Audioguides gratis. *Eintritt frei | Di–So 10–18 Uhr | Gendarmenmarkt 1 | Tel. 22 73 04 31 | www.bundestag. de | U 2, 6 Stadtmitte | Mitte*

DEUTSCH-RUSSISCHES MUSEUM KARLSHORST  [0]

Die Schrecken des Krieges und der lange Weg zur Versöhnung zwischen Deutschen und Russen liegen noch nicht weit zurück. Der Alltag von Soldaten an der Front, aber auch die Zeit der Besatzung durch die Sowjets sind Themen in ausgestellten Dokumenten, Waffen, Orden, etc. Das Museum entstand 1991 nach dem Abzug der russischen Armee aus den östlichen Teilen Deutschlands. *Eintritt frei | Di–So 10–18 Uhr | Zwieseler Str. 4 | Tel. 50 15 08 10 | www.museum-karls horst.de | S 3 Karlshorst | Karlshorst*

GALERIE EIGEN + ART [150 B1]

Neo Rauch ist der Star dieser Galerie, die noch weitere Maler des Neo-Surrealismus und der Leipziger Schule vertritt. Bei Ausstellungseröffnungen sind die Künstler in der Regel selbst anwesend. *Eintritt frei | Di–Sa 11–18 Uhr | Auguststr. 26 | Tel. 280 66 05 | www.eigen-art.com | S 1, 2, 25 Oranienburger Straße | Mitte*

GEMÄLDEGALERIE [149 E4]

Neben dem berühmten Bild „Der Mann mit dem Goldhelm" aus Rembrandts Schule ist hier eine einzigartige Sammlung europäischer Malerei des 13. bis 18. Jh. versammelt, 1400 Gemälde verteilt auf 72 Säle und Kabinette! Weitere Publikumsmagneten sind Bilder von van Eyck, Bruegel, Dürer, Raffael, Tizian, Caravaggio, Rubens und Vermeer. *Eintritt 10 Euro, erm. 5 Euro (online 9 bzw. 4,50 Euro), noch günstiger mit Welcomecard (S. 11) oder Museumspass 3-Tage-Karte (S. 20) | Di, Mi, Fr 10–18, Do 10–20, Sa, So 11–18 Uhr | Matthäikirchplatz | Tel. 266 42 42 42 | www.smb.museum/ museen-und-einrichtungen/gemalde galerie/home.html | U-/S-Bahn Potsdamer Platz | Tiergarten*

Bild: Im Deutschen Dom werden kostenlos Dokumentarfilme gezeigt

10.03.1985

22 | 23

KUNSTFORUM BERLINER VOLKSBANK [146 C4]

Kunst für die ganze Familie! In den neu eröffneten Räumen ganz in der Nähe des schönen Lietzensees (toller Spazierweg durch den Lietzenseepark!) werden außergewöhnliche Retrospektiven und Themen, z. B. Plakatkunst der letzten 100 Jahre, sowie Werke von prominenten Künstlern wie HAP Grieshaber und Werner Tübke gezeigt. Begleitend können Kinder und Jugendliche an Workshops und Malwettbewerben teilnehmen. *Eintritt 5 Euro, erm. 4 Euro | während aktueller Ausstellungen tgl. 10–18 Uhr, kostenlose 🐷 Führung So 11 Uhr | Kaiserdamm 105 | Tel. 30 63 17 44 | www.kunstforum-berliner-volksbank.de | U 2 Sophie-Charlotte-Platz | Charlottenburg*

KUNSTRAUM IM DEUTSCHEN BUNDESTAG 🐷 [138 B2]

Im Seitenflügel des Schadow-Hauses werden in wechselnden Ausstellungen die Schätze der Kunstsammlung des Deutschen Bundestags gezeigt. Videoinstallationen und Malerei werden in Workshops nähergebracht. *Eintritt frei | Di–So 11–17 Uhr | Schadowstr. 12–13 | Tel. 22 73 20 27 |*

CLEVER!

> Kulturpaket hilft sparen

Wer sich öfter in Berlin aufhält und gerne mehrere Konzerte und Theatervorstellungen besuchen möchte, fährt preislich gut mit der Kulturkarte. Auf der Webseite *www.kulturvolk.de* erhalten Sie für nur 36 Euro die Kulturkarte, mit der Sie ein ganzes Jahr lang Zugang zu rund 11 000 Veranstaltungen haben. Mit der Karte bekommen Sie dabei bis zu 40 Prozent Rabatt auf die Tickets. Die Staatsoper beispielsweise, das Deutsche Theater oder die Philharmonie werden damit also auch preislich attraktiv. Bestellen Sie die Karte einfach online oder telefonisch *(Infos unter Tel. 86 00 93-51/-52)*.

Für junge Leute unter 30 Jahren ist der Kauf einer Classiccard sinnvoll. Sie kostet einmalig 15 Euro und gewährt ein ganzes Jahr lang einen Festpreis von 8 Euro für Konzerte bzw. 10 Euro für Oper und Ballett *(www.classiccard.de)*.

www.kunst-im-bundestag.de | U-/S-Bahn Brandenburger Tor | Mitte

KUNSTRAUM KREUZBERG/
BETHANIEN 🐷   [151 E5]

Die Kreuzberger Kunsträume in einem ehemaligen, 1847 erbauten Krankenhaus locken nicht nur mit freiem Eintritt, sondern auch mit interessanten Themenausstellungen, z.B. Essen und Landwirtschaft in der zeitgenössischen Kunst. Diskussionen, Filme und Künstlergespräche ergänzen die Ausstellungen. *Eintritt frei | tgl. 11–20 Uhr | Mariannenplatz 2 | Tel. 902 98 14 55 | www.kunstraumkreuzberg. de | U 1, 8 Kottbusser Tor | Kreuzberg*

MÄRKISCHES MUSEUM   [151 D3]

Jeden ersten Mittwoch im Monat können Sie bei 🐷 freiem Eintritt in die Berliner Geschichte eintauchen. Das Museum ist auch architektonisch interessant: In dem rund 100 Jahre alten Bau mit Gewölben und einem neugotischen Backsteinfirst fühlen Sie sich wie in einer Mittelalterburg. Hier steht u.a. die älteste Anklagebank Berlins, die schon fast 1000 Jahre auf dem Buckel hat. *Eintritt 6 Euro, erm. 4 Euro, bis 18 Jahre, am 1. Mi im Monat frei | Di–So 10–18 Uhr | Am Köllnischen Park 5 | Tel. 24 00 21 62 | www.stadtmuseum.de | U 2 Märkisches Museum | Mitte*

MUSEUM DER UNERHÖRTEN
DINGE 🐷   [157 D4]

Eine kuriose Sammlung von Fundstücken – etwa das Fell eines Bonsai-Hirsches, Schrauben eines Flugzeugabsturzes oder weißer Rotwein aus Italien sowie der rote Faden, der durch's Leben führt – bringt in diesem kleinen Museum zum Lachen und Nachdenken. *Eintritt frei | Mi–Fr 15–19 Uhr | Crellestr. 5–6 | Tel. 781 49 32 | www.museumderuner hoertendinge.de | S 2, 25 Julius-Le-ber-Brücke | Schöneberg*

MUSEUMSINSEL   [139 D1–2]

Pergamonmuseum, Bode-, Altes und Neues Museum sowie die Alte Nationalgalerie können Sie unmöglich an einem einzigen Tag anschauen. Günstig ist daher der Kauf eines Kombitickets, u.a. die Welcomecard (S. 11) oder der Museumspass 3-Tage-Karte (S. 20). 🐷 Für Kinder und Jugendliche bis 18 Jahren ist der Eintritt frei. Eines der größten Museumszentren der Welt bietet sensationelle Einblicke in Bildhauerei, Malerei und Ge-

schichte vieler tausend Jahre. Entstanden sind die Bauten der Museumsinsel im 19./20. Jh., das Pergamonmuseum wurde erst 1930 eröffnet. Dort befinden sich das Markttor von Milet und die Prozessionsstraße von Babylon sowie der namengebende Pergamonaltar, der allerdings bis ca. 2019 geschlossen ist. Im Bodemuseum können Sie z. B. Holzschnitzereien von Tilman Riemenschneider bewundern, und im Neuen Museum ist u. a. die ägyptische Sammlung mit der berühmten Büste der Königin Nofretete ein Highlight. Werke des Romantikers Caspar David Friedrich sowie zahlreiche Impressionisten, etwa Monet und Renoir, ziehen in der Alten Nationalgalerie in Bann. *Tageskarte Museumsinsel 18 Euro, erm. 9 Euro | Pergamonmuseum, Neues Museum tgl. 10–18, Do bis 20 Uhr, Bodemuseum, Alte Nationalgalerie, Altes Museum Di–So 10–18, Do bis 20 Uhr | Bodestr. 1–3 | Tel. 20 90 56 01 | www.smb.museum | S-Bahn Hackescher Markt | Mitte*

Insider Tipp MUSEUMSWOHNUNG HELLERSDORF 🐷 [0]

Wie eine durchschnittliche DDR-Familie wohnte, können Sie sonntags im Hellersdorfer Plattenbau besichtigen. Dort ist eine 3-Raumwohnung vom original Zahnputzbecher bis zur Schrankwand mit echten Einrichtungsgegenständen noch aus sozialistischer Produktion eingerichtet. Die Aufsicht erklärt DDR-Alltagskultur anhand eigener Erfahrungen und eines Dokumentarfilms. *Eintritt frei | So 14–16 Uhr u. n. Vereinbarung | Hellersdorfer Str. 179 | Tel. 0151/ 16 11 44 47 | www.standundland.de | U 5 Cottbusser Platz | Hellersdorf*

RAMONES MUSEUM [152 A3]

Ein Ort für Fans der US-amerikanschen Punkrockband Ramones, aber auch ein sehr gemütliches Café. Wer sich die Ausstellung für wenig Eintritt anschaut, erfährt eine Menge über die Begründer des Punk. Auch Fanartikel aus den letzten Jahrzehnten gibt es hier und viele Fotos von Konzerten und natürlich Porträts von John Cummings an der Gitarre, Douglas Colvin (Bass und Gesang) und Sänger Jeffrey Hyman sowie den verschiedenen Schlagzeugern. *Eintritt 4,50 Euro | tgl. 10–22 Uhr | Oberbaumstr. 5 | Tel. 75 52 88 89 | www.ramonesmuseum.com | U 1 Schlesisches Tor | Kreuzberg*

WILLY-BRANDT-HAUS 🐷 [158 A1]

Allein die Architektur der SPD-Zentrale (Helge Bofinger) und die Brandt-Skulptur von Rainer Fetting sind einen Besuch wert. Drinnen gibt es kostenlose Kunstausstellungen, Läden und Lesungen sowie ein Bistro mit günstigem Mittagstisch. *Eintritt frei (Ausweis nötig) | Di–So 9–18, Ausstellungen Di–So 12–18 Uhr, Führungen siehe Internet | Wilhelmstr. 140 | Tel. 25 99 37 00 | www.willy-brandt-haus. de | U 1 Hallesches Tor | Kreuzberg*

GEDENKSTÄTTEN

GEDENKSTÄTTE BERLINER MAUER 🐷 [144 A3–4]

Geschichte hautnah: Hier finden Sie Berlins letztes Stück Mauer mit Minengürtel und Wachturm. Interessant ist auch die Ausstellung u. a. mit Originaltönen von Politikern und historischem Filmmaterial. Die Kapelle auf dem ehemaligen Mauerstreifen steht auf den Resten der 1985 gesprengten Versöhnungskirche und wurde aus deren Steinen errichtet *(Andachten für die Maueropfer Mo–Fr 12 Uhr)*. Infosäulen geben Auskunft über die Mauerflüchtlinge. Aussichtsplattform mit prima Sicht über das Gelände! *Eintritt frei | Besucherzentrum Di–So 10–18 Uhr, Ausstellung Gedenkstättenareal tgl. 8–22 Uhr | Bernauer Str. 111 | Tel. 467 98 66 66 | www.berliner-mauer-gedenkstaette. de | S 1, 2, 25 Nordbahnhof | Wedding*

GEDENKSTÄTTE HOHENSCHÖNHAUSEN [0]

Mauern, Stacheldraht, Wachtürme: Wie das Leben im Stasigefängnis Hohenschönhausen aussah, zeigt eine Ausstellung im Informationszentrum mit Dokumenten und Gegenständen aus dem Gefängnisalltag. Erschütternd und beeindruckend: Ehemalige Stasigefangene berichten von Einzelhaft sowie Verhörmethoden und führen durch das Gefängnis. *Eintritt mit Führung 6 Euro, erm. 3 Euro | Mo–Fr Führungen 11, 13, 15, März–Okt. auch 12, 14, Sa, So 10–16 Uhr stdl. | Genslerstr. 66 | Tel. 98 60 82 30 | www.stiftung-hsh.de | Tram M 5 Freienwalder Straße | Hohenschönhausen*

GEDENKSTÄTTE STILLE HELDEN 🐷 [149 D4] *Insider Tipp*

Wer Juden versteckte während der Hitler-Diktatur begab sich selbst in Todesgefahr, dennoch hatten manche den Mut, jüdische Nachbarn, Bekannte und Verwandte aufzunehmen.

Die Gedenkstätte erinnert an sie mit vielen Fotos und der Schilderung von Biografien. Moderne Medien lassen die Menschen lebendig werden. *Eintritt frei | Mo–Mi, Fr 9–18, Do 9–20, Sa/So 10–18 Uhr | Stauffenbergstr. 13/14 | Tel. 263 92 38 22 | www. gedenkstaette-stille-helden.de | U-/S-Bahn Potsdamer Platz | Tiergarten*

HAUS DER WANNSEE-KONFERENZ 🐷 [0]

Die „Besprechung über die Endlösung der Judenfrage" besiegelte hier am 20. Januar 1942 den Mord an Millionen Juden. Die Gedenk- und Bildungsstätte dokumentiert die politischen und gesellschaftlichen Hintergründe des Rassenwahns und der Judenverfolgung, die seit 1933 im Gange war. *Eintritt frei | tgl. 10–18 Uhr, kostenlose Führungen Sa, So 16 und 17 Uhr | Am Großen Wannsee 56–58 | Tel. 805 00 10 | www.ghwk.de | S 1, 7 Wannsee, dann Bus 114 Haus der Wannseekonferenz | Wannsee*

✓ HOLOCAUST-MAHNMAL 🐷 [138 A–B3]

Offiziell heißt die Gedenkstätte „Denkmal für die ermordeten Juden Europas" und symbolisiert die aussichtslose Lage der Juden während der Nazizeit. Der Entwurf zu dem labyrinthartigen Feld mit bis zu 3 m hohen Stelen stammt von Peter Eisenman. Beim Passieren der Stelen stellt sich ein beklemmendes Gefühl ein. Im Untergeschoss befindet sich eine Ausstellung über Konzentrationslager und die Schicksale jüdischer Mitbürger. *Eintritt frei | das Stelenfeld ist jederzeit zugänglich | Info-Zentrum Di–So April–Sept. 10–20 (letzter Einlass 19.15 Uhr), Okt.–März 10–19 (letzter Einlass 18.15 Uhr) | Cora-Berliner-Str. 1 | Tel. 200 76 60 | www.holocaust-mahnmal.de | U-/S-Bahn Brandenburger Tor | Mitte*

KLEINKUNST & THEATER

BALLHAUS OST [145 D2]

Zeitgenössische Dramen mit eigensinnigen Mitteln aufgetischt – das ist die Spezialität dieses Theaters in Prenzlauer Berg. Die Puppenbühne für Erwachsene „Das Helmi" tritt hier mit ihren schrägen Figuren auf. Performances, Lesungen, Filmabende und Konzerte runden das Konzept, ein Haus für alle Künste zu sein, ab. *Eintritt 8–15 Euro | Pappelallee 15 | Tel. 44 04 92 50 | www.ballhausost.de | U 2 Eberswalder Straße | Prenzlauer Berg*

BAT-STUDIOTHEATER [145 D4]

Studenten der renommierten Hochschule für Schauspielkunst Ernst Busch spielen Stücke von Gogol bis Kroetz, und das für wenig Eintritt. Lassen Sie sich überraschen, was talentierte Regisseure aus den Dramenvorlagen herausarbeiten. Sie können sicher sein: Jede Aufführung sprüht vor Energie und Schauspiellust! Unbedingt Karten reservieren (nur 115 Sitzplätze). *Eintritt 10, erm. 5 Euro | Belforter Str. 15 | Tel. 75 54 17-777 | www.bat-berlin.de | U 2 Senefelderplatz | Prenzlauer Berg*

FABRIKTHEATER [143 E5]

Angesagte Off-Bühne in der Kulturfabrik Moabit: Junge Theaterdramaturgen und -regisseure bringen ihre Stücke auf die Bühne, Pianisten geben Improvisationskonzerte, und an jedem 19. im Monat dürfen Zuschauer beim Open Stage (Eintritt frei) beurteilen, ob angehende Profitänzer, -musiker oder -schauspieler das nötige Talent haben. *Eintritt 0–12 Euro | Lehrter Str. 35 | Tel. 0176/49 35 06 44 | www.fabriktheater-moabit.de | U-/S-Bahn Hauptbahnhof | Moabit*

CLEVER!
> Kartenschnäppchen

Bevor Sie den Besuch von Theatern, Museen oder Konzertsälen planen, sollten Sie schauen, ob der Last-Minute-Ticketverkauf Hekticket *(www.hekticket. de)* Schnäppchen-Eintrittskarten bietet. Die Berliner Filiale des Wachsfigurenkabinetts Madame Tussauds *(tgl. 10–19 Uhr | Unter den Linden 74 | www.madame tussauds.com/berlin | U-/S-Bahn Brandenburger Tor | Mitte* [138 B3]*)* können Sie z. B. mit einem Online-Ticket schon ab 12,50 Euro besuchen, statt zum regulären Preis von 23,50 Euro. Auch Opern- oder Kabarettkarten sind oft günstiger. Angeboten werden tagesaktuelle Billigtickets im Internet sowie an den Verkaufsschaltern *(Hardenbergstr. 29d | Tel. 230 99 30 | U-/S-Bahn Zoologischer Garten | Charlottenburg* [137 D3] *und am Berlin-Carré | Karl-Liebknechtstr. 12 | U-/S-Bahn Alexanderplatz | Mitte* [139 F1]*)*. Natürlich ist das Angebot an Last-Minute-Tickets an Werktagen wesentlich größer als am Wochenende.

FREI.WILD

Beim Improvisationstheater dürfen Sie während der Vorführung so richtig dazwischenquatschen, und die Schauspieler machen sogar, was Sie sagen! Die Handlung bestimmen nämlich die Zuschauer, und die Darsteller spielen gekonnt aus dem Stegreif. Die Spielorte wechseln (im Internet oder telefonisch nach den Aufführungen erkundigen), es gibt auch Theater-Workshops. *Eintritt 9–13 Euro | Tel. 852 39 95 | www.frei-wild-berlin.de*

HAUS DER SINNE   [144 C1]

Beim Ganovenball geben sich die Gangster gegenseitig ein Bier aus, an Tangoabenden rückt der Rotwein in den Vordergrund. Das Kulturzentrum beeindruckt mit Programmvielfalt bei geringem Eintritt. Kostenlos ist am letzten Sonntag im Monat das  „Open-Mic", wenn jeder kann seine Songs vorspielen kann. *Eintritt 0–15 Euro | Ystader Str. 10 | Tel. 44 04 91 55 | www.hausdersinneberlin.de | U-/S-Bahn Schönhauser Allee | Prenzlauer Berg*

PRIME TIME THEATER   [143 E2]

Magst du Döner – kommst du rein. In der Seifenoper „Gutes Wedding, schlechtes Wedding" wird gnadenlos mit dem benachbarten Szenebezirk Prenzlauer Berg („Prenzlwichser") abgerechnet und die türkische Community im Dönerimbiss auf die Schippe genommen. Die Theatervorstellungen zum Preis von drei bis vier Döner Kebabs sind sehr beliebt und daher regelmäßig ausverkauft (Tickets reservieren!). *Eintritt 15–17 Euro, erm. 8–11 Euro | Müllerstr. 163/Eingang Burgsdorfstr. | Tel. 49 90 79 58 | www.primetimetheater. de | U-/S-Bahn Wedding | Wedding*

SCHALOTTE   [147 D2]

Im schläfrigen Kiez Alt-Charlottenburg sticht die Schalotte heraus wie der sprichwörtliche bunte Hund. Hier geht's ab: Stand-up-Comedy, klassisches Theater, Akrobatik – und das alles für kleines Geld, oder gar keines. Absolut mega sind die kostenlosen  Vorführungen des Jongliert- und Einradvereins, bei denen einem echt die Kinnlade runterfällt. Danach gibt's an der Bar bei günstigen Drinks Gelegenheit zum Smalltalk mit den Künstlern. *Eintritt 0–18 Euro | Fr/Sa ab 20 Uhr | Tel. 341 14 85 | www.cw-evangelisch.de/schalotte | U 3 Richard-Wagner-Platz | Charlottenburg*

KULTUR & EVENTS

SCHEINBAR VARIETÉ [157 E3]

Hier können Sie gut lachen: Nachwuchs-Komödianten zeigen, was sie draufhaben. Das Publikum erwartet im Mini-Saal, der schnell ausverkauft ist, fast immer ein großer Spaß. Auch beliebt: das bekannte Kabarett „Aura in Tüten", das hier regelmäßig auftritt. *Eintritt Mi/Do 8 Euro, Fr/Sa 9,50 Euro, So 11 Euro | Monumentenstr. 9 | Tel. 784 55 39 | www.scheinbar.de | S 1 Julius-Leber-Brücke | Schöneberg*

THEATER AM SCHLACHTHOF [0]

Das „kleinste Volkstheater der Welt" nennt sich diese charmante Wohnzimmerbühne mit Café und einem ambitionierten Programm, auf dem Spielplan z. B. das Revolutionspuppenspiel „Michael Kohlhaas" oder „Lysistrate". Sehr persönlich und mitunter mit Zuschauerbeteiligung. *Eintritt 8–10 Euro | Hausburgstr. 22 | Tel. 42 08 57 01 | www.theater-am-schlachthof.net | Tram M 10 Straßmannstraße | Friedrichshain*

Beste Unterhaltung erwartet Sie im Prime Time Theater am S- und U-Bahnhof Wedding

THEATERDISCOUNTER [139 F2]

Das hätten sich die grauen Herren des ehemaligen Fernmeldeamts (Ost) nie träumen lassen: In ihren tristen Büroräumen tobt die provokante Zukunft der deutschen Theaterszene und bekommen Bühnenliebhaber extrem gute Unterhaltung geboten. Eigenproduktionen, Erstlingsstücke bis hin zu beliebten Gastspielen. Eins wollen sie alle: Mit Traditionen brechen und Geschichten modern präsentieren. *Eintritt 9–15 Euro | Klosterstr. 44 | Karten Mi–So u. an Spieltagen ab 18 Uhr | Tel. 28 09 30 62 |* *www.theaterdiscounter.de | U-/S-Bahn Alexanderplatz/ Mitte*

THEATERFORUM KREUZBERG [151 F5]

Für einen Fünfer große Augen machen: Warum, fragten sich die Gründer (ein paar junge Theaterleute) vor 20 Jahren, inszenieren die Staatstheater immer nur die gleichen Autoren? Als Kontrast schufen sie im alten Ballsaal der Kreuzberger Gaststätte „Köpenicker Hof" eine Bühne, die sie Theaterlabor nannten. Mehr als nur Theater, ist das Forum heute Raum für Experimente und künstleri-

CLEVER!

> *Bitte (hinten) Platz nehmen*

In den staatlichen Bühnen sind die hinteren Plätze sehr günstig. So kostet etwa im Deutschen Theater eine Karte ab 5 Euro, im Berliner Ensemble ab 8 Euro (2. Rang, Stehplätze). Nicht immer ist die Sicht gut, aber eventuell können Sie sich in der Pause auf freie Plätze weiter vorne umsetzen. *Deutsches Theater* [138 B1]: *Schumannstr. 13 a | Karten Mo–Fr 11–18.30 Uhr u. vor Aufführungen | Eintritt ab 4 Euro | Tel. 28 44 12 25 | www.deutschestheater.* *de | U-/S-Bahn Friedrichstraße | Mitte; Berliner Ensemble* [138 B1]: *Bertolt-Brecht-Platz 1 | Karten Mo–Fr 8–18, Sa, So 11–18 Uhr u. vor Aufführungen | Eintritt ab 5 Euro | Tel. 28 40 81 55 | U-/ S-Bahn Friedrichstraße | Mitte; Deutsche Oper Berlin* [147 E3]: *Bismarckstr. 35 | Karten Mo–Sa 11–19, So 10–14 Uhr u. vor Aufführungen | Eintritt ab 17 Euro | Tel. 343 84 01 | www.deut scheoperberlin.de | U 2 Deutsche Oper | Charlottenburg*

schen Austausch. Neu interpretierte, längst vergessene oder unbekannte Stücke stehen auf dem Spielplan: echt mal was Anderes! *Eintritt 5–18 Euro | Eisenbahnstr. 21 | Tel. 61 28 88 80 | www.tfk-berlin.de | U 1 Görlitzer Bahnhof | Kreuzberg*

THEATER UNTERM DACH [145 E3]

Kunst am Puls der Zeit: Freie Gruppen zeigen in der kommunalen Spielstätte (80 Plätze) zeitgenössische Dramen und Klassikeradaptionen zum günstigen Eintrittspreis. Da die Stücke vielfältige Themen mit sozialer Relevanz aufgreifen, wurde das Theater vielfach ausgezeichnet und hat sich in die soziokulturell interessierten Herzen (und Köpfe) der Zuschauer gespielt. *Eintritt 8–12 Euro | Danziger Str. 101 | Tel. 902 95 38 17 | www. theateruntermdach-berlin.de | Tram M 10 Winsstraße | Prenzlauer Berg*

Insider Tipp THEATER VERLÄNGERTES WOHNZIMMER [152 C1]

Das kleine Friedrichshainer Privattheater zeigt zeitgenössische Kammerstücke, etwa „Das letzte Duell", ein Live-Hörspiel über Revolverhelden im Wilden Westen. Der schlauchartige Saal hat nur 60 Plätze. Vor dem Auftritt stärken sich die Schauspieler im angeschlossenen Café, wo Sie leicht mit ihnen ins Gespräch kommen. *Eintritt 5–12 Euro | Frankfurter Allee 91 | Tel. 45 30 63 51 | www. theater-verlaengertes-wohnzimmer. de | U-/S-Bahn Frankfurter Allee | Friedrichshain*

KINOS

Die meisten Kinos haben jeweils mindestens einmal in der Woche einen Tag mit ermäßigten Eintrittspreisen (ca. 6,50–7 Euro). Infos zu den jeweiligen Kinotagen auf *www.visit berlin.de/de/guenstige-kinotage.*

FILMRAUSCHPALAST IN DER KULTURFABRIK MOABIT [143 E5]

Mal wieder Lust auf „Matrix"? Im ersten Stock des Off-Kulturzentrums in der Nähe des Hauptbahnhofs werden Kultfilme gezeigt, aber auch neue Filme, so sie einen gewissen intellektuellen Anspruch haben. Im Sommer wird freitags und samstags (22 Uhr) im Hinterhof eine Leinwand aufgezogen und gratis 🐷 Open-Air-Kino geboten. Günstig sind nicht nur die Kinokarten, sondern auch das Bier oder die Limo (ca. 2 Euro) vor oder nach der Vorstellung. *Eintritt 6 Euro | Lehr-*

ter Str. 35 | Tel. 394 43 44 | www.film
rausch.de | U-/S-Bahn Hauptbahnhof |
Moabit

Z-INEMA [144 B4]

Cineasten-Paradies: Klassiker der
Filmgeschichte zeigt Betreiber Tho-
mas Wind sonntags um 21 Uhr im
kleinen Kinosaal hinter der Z-Bar.
Unter dem Motto „Bahnhofskino"
werden unter anderem Action-,
Kung-Fu- und Horrorfilme der B-
und C-Liga aus den 1950er-, 60er-
und 70er-Jahren gezeigt. Davor gibt
es schräge Kurzfilme und alte Werbe-
spots. *Eintritt 3,50 Euro | Bergstr. 2 |*

Tel. 28 38 91 21 | www.z-bar.de | U 8
Rosenthaler Platz | Mitte

KONZERTE

GEDÄCHTNISKIRCHE [148 B5]

Orgelkonzerte und Bachkantaten
können Sie im bekannten Gotteshaus
in der Nähe des Kurfürstendamms
hören. Die meisten 🐷 Konzerte sind
kostenlos, zum Beispiel die Orgel-
vesper mit Werken von Bach jeden
Samstag um 18 Uhr. Die von Archi-
tekt Egon Eiermann konzipierte Kir-
che verbreitet mit ihren blauleuch-
tenden Glasmosaiksteinen eine magi-
sche Atmosphäre. *Eintritt frei |*

Ganz schön magisch, die Gedächtniskirche

Breitscheidplatz | www.gedaechtnis kirche-berlin.de | U-/S-Bahn Zoologischer Garten | Charlottenburg

HANNS-EISLER-MUSIKHOCHSCHULE [138 C4]

Die kostenlosen 🐷 Konzerte von Musikstudenten, etwa ein Vortragsabend der Gesangsklasse mit Werken von Johann Sebastian Bach im historischen Marstall ganz in der Nähe von Schlossplatz und Berliner Dom oder im Hauptgebäude am Gendarmenmarkt, sind bei den Berlinern beliebt. Daher sollten Sie frühzeitig vor Ort sein. Die Konzerttermine finden Sie auf den Internetseiten der Hochschule oder in der Programmbroschüre, die in den Foyers der beiden Hochschulstandorte ausliegt. *Eintritt frei | Schlossplatz 7 u. Charlottenstr. 55 | Tel. 688 30 58 40 | www.hfm-berlin.de | U 2 Hausvogteiplatz u. Stadtmitte | Mitte*

PHILHARMONIE [149 E4]

Zu den begehrten, aber teuren Konzerten der Berliner Philharmoniker gibt es eine Alternative: Kostenlose **Insider Tipp** 🐷 Lunchkonzerte, die von September bis Juni dienstags um 13 Uhr stattfinden, geben u. a. Mitglieder der Berliner Philharmoniker und Stipendiaten der Orchester-Akademie im Foyer der Philharmonie. Spannend sind auch die vielen Kreativ-Workshops für Familien mit Kindern, deren Teilnahme kostenlos ist. Anmeldung über Onlineformular *(Info-Tel. 25 48 83 53). Herbert-von-Karajan-Str. 1 | Karten Mo–Fr 15–18, Sa, So 11–14 Uhr | Tel. 25 48 89 99 | www.berliner-philharmoniker.de | U-/S-Bahn Potsdamer Platz | Tiergarten*

UNIVERSITÄT DER KÜNSTE [137 D2]

Die Berliner Hochschule im Westteil der Stadt bietet regelmäßig kostenlose 🐷 Konzerte ihrer Musikstudentinnen und -studenten an. Und dabei geht es auch gerne einmal experimentell zu: So werden etwa aus Klängen von elektromagnetischen Feldern, die durch digitale Kommunikations- und Sicherheitssysteme entstehen, Kompositionen entwickelt und vorgetragen. Die Konzerte finden an unterschiedlichen Orten statt, u. a. in der Alten Aula ([137 D2] *Hardenbergstr. 35 | U-/S-Bahn Zoologischer Garten | Charlottenburg*) und in der Grunewaldstraße 2–5, ([157 D3] *U 7 Kleistpark | Schöneberg). Eintritt frei | Tel. 31 85 23 74 | www.udk-berlin.de*

> **Nirgends kann man für wenig Geld mehr erleben als in Berlin. Ob kostenlose Führung durch den Bundestag oder günstiges Klettern auf einem Bunker: Was Sie vor allem brauchen, ist Neugier und Abenteuerlust**

Am besten, Sie schauen sich Berlin zunächst einmal von oben an. Viele Aussichtsplattformen (S. 40) zum kleinen Preis verschaffen Ihnen einen guten Überblick. Wenn Sie später unterwegs sind, finden Sie vieles wieder, was Sie von oben gesehen haben. Sternwarte (S. 37), Olympiastadion und Fußballtraining des Bundesligisten Hertha BSC (S. 38) oder ein Freiluftkonzert im Tiergarten (S. 43) gestalten einen Aufenthalt in der Hauptstadt abwechslungsreich und Geldbeutel schonend. Wo sich welche Sehenswürdigkeiten befinden, können Sie u. a. auf kostenlosen Stadtführungen (S. 44) erfahren. Wussten Sie, dass Berlin mit seinen fünf Flüssen auch über Fähren (S. 44) verfügt, mit denen Sie preiswerte Ausflüge übers Wasser unternehmen können? Neben den Flüssen gibt es viele Seen und Sommerbäder, wo Sie günstig planschen und sogar segeln können. Die Schwimmhallen der Berliner Bäderbetriebe (S. 50) sind in gutem Zustand, und manche Uferstelle am See lädt im Sommer zum Gratisbaden ein. Schauen Sie, was möglich ist. Viel Spaß!

MEHR ERLEBEN

ACTION & INTERESSANTES ■

ARCHENHOLD STERNWARTE [153 D5]

Bewundern Sie das längste Fernrohr der Erde (21 m), lassen Sie sich erklären, wie es funktioniert *(So 15 Uhr)*, oder nehmen selbst ==Beobachtungen am Riesenfernrohr== vor *(Okt.–März 2. und 4. Fr im Monat 20 Uhr, Mai–Mitte Sept. Mi 15 Uhr)*. Das kostenlose 🐷 Museum der kleinen, aber feinen Sternwarte ist etwas Besonderes: Dort können Sie u.a. einen riesigen Eisen-Meteoriten besichtigen. Das älteste Fernrohr der Sternwarte ist über 120 Jahre alt! Auch das kleine Planetarium fasziniert und ist das günstigste der Stadt. *Eintritt Ausstellung frei, Führung, Vortrag oder Beobachtung 6 Euro, erm. 3 Euro | Mi–So 14–16.30 Uhr, Führung Do 20, Sa/* *So 15 Uhr, Beobachtung Okt.–März Fr 20, April–Aug. einmal im Monat (Termine s. Internet) 23 Uhr | Alt-Treptow 1 | Tel. 536 06 37 19 | www. planetarium.berlin | S 8, 9, 41, 42 Treptower Park | Treptow*

Insider Tipp *(sidebar)*

BUNDESTAGSFÜHRUNG 🐷 [149 F2]

Sie wollen wissen, wie und wo die über 600 Abgeordneten des Deutschen Bundestags mit ihren Angestellten und Referenten arbeiten? Führungen durch den Reichstag (S. 24 u. 40) sowie die Parlamentsgebäude Elisabeth-Lüders- und Paul-Löbe-Haus werden mehrmals täglich außerhalb der Sitzungszeiten angeboten, und das gratis. Auch Führungen für Familien (samstags) sowie Kunst- und Architekturtouren

finden regelmäßig statt. Schriftliche Anmeldung (auch per E-Mail oder Fax) obligatorisch, am besten so früh wie möglich. *Eintritt frei | Deutscher Bundestag, Besucherdienst, Platz der Republik 1, 11011 Berlin | Tel. 22 73 21 52 | Fax 22 73 00 42 | besucherdienst@ bundestag.de | www.bundestag.de/ besuche/fuehrungen | U 55 Bundestag | Tiergarten*

HERTHA-TRAINING 🐗 [O]

Fußballfreunde können für nullkommanichts Profikickern zusehen – beim öffentlichen Training. Mehrmals wöchentlich läuft Bundesligist Hertha BSC zur Hochform auf, um sich u. a. mit Übungsspielen auf kommende Begegnungen vorzubereiten. Trainiert wird auf dem Gelände neben dem Olympiastadion an der Hanns-Braun-Straße. Termine

Coole Kunststücke zeigen die Kids in Europas größter Skatehalle in Friedrichshain

finden Sie im Internet unter der Rubrik Team/Trainingszeiten. *Eintritt frei | Tel. 300 92 80 | www.herthabsc. de | S 5, 75 Olympiastadion | Charlottenburg*

KARAOKE IM MAUERPARK 🐷 [144 C2]

Jeden Sonntagnachmittag geben im Sommer Laiensänger unter freiem Himmel ihr Bestes, während ein begeistertes Publikum die Interpreten in der Arena im Mauerpark anfeuert. Mitmachen kann jeder, der Veranstalter Joe Hatchiban hat eine mobile Musikanlage dabei und jede Menge Lieder zum Nachsingen. *Eintritt frei | April–Sept. So ca. 15–18 Uhr | Mauerpark | www.bearpitkaraoke.com | U 2 Eberswalder Straße | Prenzlauer Berg*

SKATEHALLE [152 B3]

Europas größte Skatehalle zieht nicht nur die Kids an! Zuschauen lohnt sich, denn es ist beeindruckend, was der Nachwuchs auf riesigen Halfpipes für Kunststücke zeigt. Skatermeisterschaften und andere Events sorgen häufig am Wochenende für ein volles Haus. *Eintritt 6 Euro, erm. 5 Euro, 2 Std. vor Hallenschluss 4 Euro, Zuschauer 2,50 Euro inklu-sive Getränk | Mo, Di, Do 14–20, Mi, Fr 14–24, Sa 13–24, So 13–20 Uhr | Revaler Str. 99 | Tel. 29 36 29 66 | www.skatehalle-berlin.de | U-/S-Bahn Warschauer Straße | Friedrichshain*

TEMPELHOFER FELD 🐷 [158 A–C5]

Einmal übers Rollfeld skaten oder in einem ehemaligen Hangar eine Bratwurst essen? Auf dem Gelände des seit 2008 geschlossenen Flughafens Tempelhof können Sie auf 355 ha spazierengehen, Fahrrad fahren oder skaten. Bei Schnee gibt es eine 8 km lange Loipe für Skilangläufer, im Sommer laden die riesigen Wiesen zum Picknick oder Drachensteigen ein. Es gibt auch einen kunstvollen Minigolfparcours auf der nördlichen Seite. *Eintritt frei | U-/S-Bahn Tempelhof | Tempelhof*

AUSSICHTEN ▬

KREUZBERG [157 F4]

Nirgends können Sie besser den Sonnenuntergang genießen als auf dem Hausberg des gleichnamigen Stadtteils. Für ein Picknick erklimmen auch die Berliner gerne den 60 m hohen Hügel und hoffen, dass es oben beim Schinkeldenkmal für die Siege

in den Befreiungskriegen nicht zu voll wird. Doch ein freies Plätzchen findet sich eigentlich immer. Und so packen Stadtromantiker Pizza, Döner und Rotwein aus und bewundern den Himmel über Berlin. *U 6, 7 Mehringdamm | Kreuzberg*

PARK INN HOTEL   [151 D1]

Wem der Besuch des Fernsehturms (13 Euro Eintritt!) am Alexanderplatz zu teuer ist, hat gegenüber einen fast genauso guten Blick. Im 40. Stock des Park Inn Hotels gibt es nämlich eine Aussichtsplattform im Freien. Der Eintrittspreis ist deutlich günstiger, das gilt teilweise auch für die Getränke. Wer länger bleiben will, nimmt im Liegestuhl Platz. *Eintritt 4 Euro | bei gutem Wetter April–Okt. tgl. 12–22, Nov.–März Mo–Fr 15–18, Sa, So 12–18 Uhr | Alexanderplatz | Tel. 238 90 | U-/S-Bahn Alexanderplatz | Mitte*

REICHSTAGSKUPPEL 🐷   [149 F2]

Steigen Sie dem Deutschen Bundestag aufs Dach und genießen Sie die Aussicht über das Regierungsviertel, den Tiergarten und die Berliner Mitte. Kosten: null Euro! Sie müssen sich mindestens zwei Tage im Voraus schriftlich anmelden für den Kuppelbesuch. Da der Andrang aber riesig ist, sollten Sie lieber langfristig planen. Wer spontan die Kuppel besuchen möchte, kann vor Ort beim Besucherzentrum nach Einzelplätzen fragen – oder sich für einen Termin innerhalb der nächsten zwei Tage eintragen lassen. Tipp: Kommen Sie morgens um 8 oder am späten Abend: Dann ist's leerer. *Eintritt frei | tgl. 8–24, letzter Einlass 22 Uhr | Platz der Republik | Tel. 22 73 21 52 | Fax 22 73 64 36 | www.bundestag.de | U 55 Bundestag | Tiergarten*

SOLAR   [150 A5]

Fahren Sie mit einem 🐷 gläsernen Außenfahrstuhl in den 16. Stock und genießen Sie aus dem Club Solar den tollen Ausblick über die Stadt. Ein Gläschen Mineralwasser (3 Euro) sollten Sie aber in der Bar wenigstens bestellen oder kehren gleich im Solar-Restaurant ein. Auf bequemen Loungemöbeln vor Panoramafenstern liegt Ihnen Berlins Innenstadt in ihrer ganzen Pracht zu Füßen. *Eintritt frei | So–Do 18–3, Fr, Sa 18–4 Uhr | Stresemannstr. 76 | Tel. 0163/765 27 00 | www.solar-berlin.de | S 1, 2, 25 Anhalter Bahnhof | Kreuzberg*

ZIONSKIRCHE [144 C4]

Bei 104 Stufen aufwärts geht einem zwar ordentlich die Pumpe, bei der Aussicht ist das aber lax! Nur einen Euro muss man springen lassen, um über die Schönheit des „Prenzlberges", wie er hier genannt wird, zu schauen. Beim Treppenkraxeln bleibt übrigens reichlich Zeit, um über die wahnsinnige Historie dieser pittoresken Kirche zu resümieren: Widerstandskämpfer und Pastor Dietrich Bonhoeffer predigte hier vor Hitlers Machtergreifung, später druckten im Keller des neoromanischen Gotteshauses DDR-Oppositionelle Flugblätter. Wahnsinnsort! *Eintritt Turmbesteigung 1 Euro | So 12–17, Nov.– April 12–16 Uhr) | www.zionskirche-berlin.de | M1 M12 Zionskirchplatz | Mitte*

BEAUTY & WELLNESS

HAIRTIE [152 C1]

So günstig ist kaum ein anderer Friseur in Berlin! Für knapp 5 Euro werden Herren (ohne Waschen) die Haare geschnitten, ein Damenschnitt kostet ca. 13 Euro (ohne Haarwäsche). Sie müssen keinen Termin machen, dafür warten Sie, wenn der Laden voll ist, eine Weile. Filialen u. a. in Spandau *(Klosterstr. 12)* und Schöneberg *(Hauptstr. 97). Mo–Sa 9–16 Uhr | Frankfurter Allee 60 | Tel. 47 59 50 42 | www.hairtie.de | U 5 Samariterstraße | Friedrichshain*

LACHEN IM PARK [158 B–C5]

Lachen ist gesund und macht glücklich: Die Berliner Lachbewegung lädt zum gemeinsamen Lachyoga ein. Da lacht auch das Sparschwein, denn die Teilnahme erfolgt gegen Spende! Mit Atemübungen aus dem Yoga. *So 12–ca. 13.15 Uhr | Tempelhofer Feld, Eingang Columbiadamm beim Biergarten | Tel. 44219 15 | www.hauptstadt-lacht.de | U 6 Platz der Luftbrücke | Tempelhof*

SHISEIDO [156 B1]

Im KaDeWe bietet die Kosmetikfirma Shiseido in einer 🐷 Beautylounge Beratungsgespräche, Computer-Hautanalysen, Make-up-Trainings und entspannende Gesichts- bzw. Handmassagen an – das alles ganz unverbindlich und vor allem kostenlos. Unbedingt eine Woche vorher reservieren. *Mo–Fr 10–20, Sa 9.30–20 Uhr | Tauentzienstr. 21–24 | Tel. 218 73 89 | www.shiseido.de | U 1, 2 Wittenbergplatz | Schöneberg*

SYOGRA [158 A2]

Sie leiden unter Rückenschmerzen? Nicht verzagen, denn ein Boxenstopp im Massagesalon bringt Sie wieder auf Trab! 20 Minuten Jade-Massageliege plus 20 Minuten klassische Rückenmassage kosten nur 20 Euro, wenn Sie werktags zwischen 15 und 19 Uhr Zeit haben. Jade-Massageliegen haben Kugeln aus Jade, die sanft den Rücken massieren. Nur n. V., *Mo–Fr 9.30–20 Uhr | Großbeerenstr. 10 | Tel. 23 63 37 63 | www.syogra-berlin.com | U 6, 7 Mehringdamm | Kreuzberg*

STADTNATUR

GÄRTEN DER WELT [0]

Hier lernen Besucher jahrtausendealte Gartenkunst kennen: Original chinesische, japanische, balinesische und orientalische Gärten faszinieren mit exotischen Pflanzen und Düften. In einer Seilbahn übers Gelände schweben oder stundenlang durch die Grünanlagen schlendern. Die Gärten bieten viel Programm. Vielleicht möchten Sie auch im Chinesischen Teehaus an einer Teezeremonie teilnehmen oder sich im Labyrinth und Irrgarten verlaufen? *Eintritt Nov.–März 4 Euro (inkl. Seilbahn 6,90 Euro), Sommer 7 Euro (inkl. Seilbahn 9,90 Euro) | Nov.–Feb. tgl. 9–16, März/Okt. 9–18, April–Sept. 9–0 Uhr | Eisenacher Str. 99 | Tel. 700 90 66 99 | Bus 195 Erholungspark Marzahn | Marzahn*

GRUNEWALD [0]

Der 3000 ha große Grunewald bietet nicht nur alte Eichen und weit ausladende Kiefern, sondern lockt auch mit dem Umweltzentrum Ökowerk, dem Teufelssee zum kostenlosen Baden sowie im Winter mit einem der besten Rodelhügel nördlich der Alpen: dem Teufelsberg. Beeindruckend ist auch die große Sanddüne in einer Senke südwestlich vom S-Bahnhof Grunewald. Hier können Sie prima picknicken oder im Winter Schlitten fahren. Das Ökowerk am Ufer des Teufelssees veranstaltet u. a. auch spannende Naturführungen (2–5 Euro). Ein Vortrag, der Experimente mit Wasser und Luft begleitet, kostet 4 Euro, erm. 3 Euro, der Besuch des Kräuter- und Bauerngartens ist kostenlos. Achtung: Der Teufelssee ist das Eldorado der Nacktbadenden! *Ökowerk-Ausstellung: Di–Fr 9–18, im Winter 10–16 Uhr | www.oekowerk.de | S 7 Grunewald | Grunewald*

Insider Tipp

MEHR ERLEBEN

NATURPARK SCHÖNEBERGER SÜDGELÄNDE [0]

Robinienwald und Spazierwege auf ehemaligen Fernbahntrassen, ein verfallenes Stellwerk, davor eine Liegewiese: Auf dem Gelände des Rangierbahnhofs Tempelhof ist ein verwunschener Park mit Wildrosen und Sand-Strohblumen entstanden. Regelmäßig *(April–Sept. Termine im Internet)* bietet der BUND interessante Führungen zu seltenen Vögeln und Pflanzen. Der Eingang befindet sich am S-Bahnhof Priesterweg. *Eintritt 1 Euro, Führungen 8 Euro (erm. 6,50 Euro), Kinder unter 12 Jahren frei | tgl. 9–20, im Winter bis 17 Uhr | Tel. 787 90 00 | www.gruen-berlin.de | S 2, 25 Priesterweg | Tempelhof*

TIERGARTEN [148–149 B–E2–4]

Insider Tipp

Kostenlose Freiluftkonzerte mit Klassik und Jazz finden im Sommer im Englischen Garten statt *(Juli, Aug. So 16 und 19 Uhr)*, dem nordwestlichen Teil des Tiergartens. Auf den umliegenden Wiesen können Sie entspannt der Musik zuhören und auf einer Decke oder Parkbank picknicken. Wunderschön zum Luftholen in aller Ruhe ist der Rosengarten im südöstlichen Teil des Parks. Neben dem Haus der Kulturen der Welt, einem Kulturzentrum der Bundesregierung, picknicken türkische, kurdische oder griechische Großfamilien, und es wird häufig auch gefeiert und getanzt. Das 42 m hohe Carillion im Nordosten des Parks ist das größte

CLEVER!

> Ökogärtner – Urban Gardening

Kohlrabi und Lauch wachsen auch mitten in der Stadt und tragen dazu bei, dass die Berliner wieder wissen, wie Gemüse angebaut wird. Etliche Brachflächen sind inzwischen in Gemüseäcker umgewandelt worden, etwa die Prinzessinnengärten *(http://prinzessinnengarten.net)* am Moritzplatz [159 D1] in Kreuzberg. Hier gibt es auch ein Café, in dem im Sommer das frisch geerntete Gemüse für wenig Geld (4–8 Euro) zu leckeren Suppen und Aufläufen verarbeitet wird. Auch auf der Neuköllner Seite des Tempelhofer Feldes (S. 39), des ehemaligen Flughafens mitten in der Stadt, gedeihen Kürbisse und Zucchini ganz prächtig.

Glockenspiel Europas. Kostenlose Carillion-Konzerte gibt es von Mai bis September sonntags um 15 Uhr. *Eintritt frei | Infos unter Tel. 39 48 04 00 | www.konzertsommer-berlin.de. | S 3, 5, 7, 75 Bellevue | Tiergarten*

VOLKSPARK
FRIEDRICHSHAIN [145 E–F5]
In den ältesten Berliner Volkspark zieht es besonders junge Leute und Familien aus den Szenebezirken Prenzlauer Berg und Friedrichshain. Für Kinder ab zehn Jahren ist die

Halfpipe im nördlichen Teil spannend, Ältere spielen nebenan Tennis auf den öffentlichen Plätzen oder auch Beachvolleyball. Inlineskates, Bälle und Schläger sind am Schwanenteich auszuleihen. Außerdem gibt es viele Spielplätze, ein Freilichtkino und einen großen Biergarten. Tipp: Unbedingt den Märchenbrunnen am westlichen Parkeingang anschauen. Die Grimmschen Figuren, aus denen Wasserfontänen spritzen, sind einmalig kitschig. *Straße am Friedrichshain | Tennisplatzvermietung, Sportgeräteverleih: www.sgamhain.de | Tram M 8 Platz der Vereinten Nationen | Friedrichshain*

CLEVER!
> *Schifffahrt mit der Fähre*

Die Berliner fahren nicht nur Bus und Bahn, auch Schiffe verkehren im täglichen Liniendienst. Die sechs Fähren können mit ganz normalen BVG- oder S-Bahntickets benutzt werden (auch Rabattkarten). So können Sie etwa mit der Fähre F 10 herrlich über den Wannsee nach Kladow schippern. Hin und zurück sind Sie rund eine Stunde unterwegs. Anleger am S-Bahnhof Wannsee, *Infos zu Fahrzeiten unter Tel. 194 49 | www.bvg.de | S 1, 7 Wannsee | Wannsee*

STADTTOUREN
ALTERNATIVE BERLIN [139 F1]

Insider Tipp

Diese Stadttour führt Sie u. a. in Ateliers von Berliner Künstlern, zur Skatehalle (S. 39) und vielen Plätzen, an denen Sie die junge Szene Berlins kennenlernen können. Die Stadtführer reichen nach der ca. dreistündigen Tour den Hut herum und sammeln Spenden ein. Jeder gibt, was ihm die Tour wert war. Achtung: nur auf Englisch! *Teilnehmerpreis Spende | tgl. 11, 13 Uhr | Treffpunkt Starbucks-Café am Alexanderplatz | Panora-*

Bild: Berliner Künstler zeigen ihr Atelier bei der Alternative-Berlin-Tour

mastr. 1 | Tel. 0176/23 17 58 00 | www.alternativeberlin.com | U-/S-Bahn Alexanderplatz | Mitte

MAUERSTREIFZÜGE

Zweimal im Monat lädt der Grünen-Europaabgeordnete Michael Cramer während der Sommersaison *(Mai–Sept.)* zum Radeln auf dem Mauerweg ein. Dabei wird nicht nur die Geschichte der Teilung aufgearbeitet, sondern auch zünftig im Biergarten gerastet. Zu jedem Termin wird ein anderes Stück der Stadtgrenze erkundet. Geschichte hautnah! *Teilnahme kostenlos | Termine im Internet unter* www.michael-cramer.eu/rund-ums-rad/berlin-mauer-radweg/

NEUBERLINER RADTOUREN

Inside Tipp

Kostenlose Stadtführungen mit dem Fahrrad bietet der Allgemeine Deutsche Fahrrad Club (ADFC) zweimal im Jahr für Zugezogene. Natürlich können auch Berlinbesucher teilnehmen, Vorrausetzung ist der Besitz eines Fahrrades, das man sich vorher natürlich auch günstig mieten kann, etwa bei Deezer nextbike (S. 15). *Teilnahme kostenlos | Infos zu den Touren:* www.adfc-berlin.de/radtouren/gefuehrte-touren.html

CLEVER!

> Stadtrundfahrt für wenig Geld – BUS 100

Die **Buslinie 100** eignet sich prima für eine Stadtrundfahrt, da sie an allen Sehenswürdigkeiten vorbeiführt – eine günstige Art, die City zu erkunden (Ticket 2,80 Euro). Vom Bahnhof Zoo geht es an der Gedächtniskirche vorbei Richtung Botschaftsviertel, weiter zu Siegessäule, Schloss Bellevue – dem Amtssitz des Bundespräsidenten –, dann am Reichstag und Brandenburger Tor entlang bis zum Fernsehturm am Alexanderplatz. Natürlich fahren die Busse auch in umgekehrter Richtung, und man kann am Alexanderplatz starten. Steigen Sie unterwegs aus, wo es Ihnen gefällt, der nächste Bus kommt bald. Tagsüber fährt die Linie im Fünf-Minuten-Takt. Einen Audioguide zu der Strecke können Sie kostenlos aus dem Internet herunterladen *(www.soundcloud.com/100er-bus-tour)*. Er bietet viele Infos, gesprochen von Schülern der Kurt-Tucholsky-Oberschule.

MEHR ERLEBEN

NEW BERLIN TOUR [138 A3]

Für Erstbesucher der Stadt bietet sich die klassische Tour durch Berlins Mitte an: Unter den Linden, Gendarmenmarkt, Reichstag, Museumsinsel und Potsdamer Platz werden zu Fuß erkundet und ausführlich erläutert (unbedingt bequeme Schuhe anziehen!). Die Tour startet täglich am Brandenburger Tor (vor dem Starbucks-Café). Bezahlen müssen Sie am Ende der rund dreieinhalbstündigen Tour, bei der auch Pausen gemacht werden, nur das, was Sie wollen und können. *Teilnehmerpreis Spende | auf Deutsch Do–So 11, auf Englisch tgl. 9, 11, 13 Uhr | Pariser Platz 4 | Tel. 51 05 00 30 | www.newberlintours.com | U-/S-Bahn Brandenburger Tor | Mitte*

TOUREN IN TEMPELHOF [0]

Ein Ort des Schreckens und der Gewalt – das SA-Gefängnis Papestraße ist Thema einer 🐷 Gratis-Führung, die sonntags um 14 Uhr vom Museum Schöneberg-Tempelhof organisiert wird (*Werner-Voß-Damm 54 a | Tel. 902 77 61 63 | www.gedenkort-papestrasse.de, www.museentempelhof-schoeneberg.de*). Eine Führung zum nahen Schwerbelastungskörper bietet

der Verein Berliner Unterwelten an (*Teilnehmerpreis 6 Euro | April–Okt. So 12 Uhr | General-Pape-Straße/Ecke Loewenhardtdamm | Tel. 49 91 05 17 | www.berliner-unterwelten.de, www.schwerbelastungskoerper.de*). Hitler ließ ihn 1941 bauen, um zu testen, wie belastbar der Boden unter der geplanten neuen Hauptstadt Germania wohl sei. *S-Bahn Südkreuz | Tempelhof*

SPORT & OUTDOOR

ASIATISCHE KAMPFKUNST [0]

Wer sich einmal wie Jackie Chan fühlen will – oder noch Material für eine absurde Berlin-Anekdote braucht –, sollte nach Berlin Lichtenberg fahren. Zweimal in der Woche kann man sich hier nämlich kostenlos einer Gruppe von Kampfsportfans anschließen und beim exotischen Training von „Xingyiquan" mitboxen und -kicken. Die Übungen kombinieren Elemente aus Kung-Fu und Tai-Chi und verbrennen nicht nur die Kalorien des Vorabendexzesses, sondern trainieren auch Kraft, Ausdauer und Beweglichkeit. Wer auf Nummer sicher gehen möchte, ob das Training wirklich stattfindet, erkundigt sich am besten im Voraus

unter Tel. 0170/521 38 53. *Eintritt frei | Anton-Saefkow-Platz 3 | Do 18–19, Sa 12.30–14 Uhr | Tram Anton-Saefkow-Platz | Lichtenberg*

BADEN IM TEGELER SEE  [O]

Gleich mehrere schöne Badestellen laden zum kostenlosen Schwimmen im sauberen See ein. Schatten spenden Uferbäume, und nur ein paar aufdringliche Schwäne auf Futtersuche stören ab und zu das Idyll. Und so kommen Sie hin: Vom U-Bahnhof Tegel folgen Sie der Fußgängerzone und Straße Alt-Tegel bis zum Tegeler See. An der Greenwichpromenade rechts halten, und immer am Ufer entlang gehen. Über die rote Sechser-Brücke, dann links dem Uferweg weiter folgen. Nach ca. 15 Minuten kommt die Villa Borsig in Sicht, in der das Auswärtige Amt der Bundesregierung Diplomaten ausbildet. Haben Sie die Villa passiert, sind Sie fast da. Noch etwa 5 Minuten, und der erste von einer ganzen Reihe wilder Strände liegt vor Ihnen. *U 6 Alt-Tegel | Reinickendorf*

BADESCHIFF [141 D5]

Für nur 5,50 Euro können Sie sich einen ganzen Tag im Schwimmbad mit Club und Cocktailbar vergnügen. Ein gewässertes Schubschiff wurde einfach mit Schwimmbadfolie ausgekleidet, fertig ist der Pool am Spreeufer. Der Sandstrand vor dem Becken ist im Sommer allerdings sehr voll. Nachteil: Mitgebrachte Speisen und Getränke werden nicht gern gesehen. *Eintritt 5,50 Euro, erm. 3 Euro | Mai–Sept. tgl. 8–24 Uhr | Eichenstr. 4 | Tel. 53 32 03 82 | www.arena-berlin.de/badeschiff | S 8, 9, 41, 42 Treptower Park | Treptow*

BEACHVOLLEYBALL

Der Lieblingssportart der Berliner können Sie in fast allen Parks der Stadt frönen. Die schönsten kostenlosen  Anlagen befinden sich im Volkspark Friedrichshain (S. 44) sowie im Ernst-Ludwig-Jahn-Sportstadion [144 C2]. Voraussetzung ist der Besitz eines Balls. Sollten Sie keinen dabei haben, können Sie auch einen Platz mit Ball mieten, etwa im Beach Mitte [144 A4], Europas größter Beachvolleyball-Anlage mit über 60 Plätzen. Ein Spielfeld kostet zwar 12 bis 16 Euro pro Stunde. In der Regel finden Sie hier aber schnell an der Strandbar weitere Mitspieler, mit denen Sie sich die Kosten teilen können. *Platz 12–16 Euro/Std., Ball 1,50 Euro | Mai–Sept. tgl. ab 10 Uhr | Caroline-Michaelis-Str. 8 | Tel. 0177/ 280 68 61 | www.beachmitte.de | S 1, 2, 25 Nordbahnhof | Mitte*

CITY-JOGGING 🐷   [152 B4]

Sie wollen sich sportlich austoben und die Stadt nebenbei entdecken? Wie wäre es mit einer Joggingtour entlang der Spree? Alles, was Sie brauchen, sind ein paar Joggingschuhe, sportliche Bekleidung und etwas Kondition. Vom Schloss Bellevue bis zum Alexanderplatz bietet ein hübscher Uferweg die ideale Fitnessstrecke. Unterwegs passieren Sie u. a. den Hauptbahnhof und das Regierungsviertel (S. 17). Auch die Museumsinsel (S. 25) liegt auf Ihrem Weg. Unter *www.top10berlin.de/de/ cat/freizeit-268/joggingstrecken-1958* finden Sie noch weitere Joggingstrecken (mit Kartenmaterial!), die an vielen Sehenswürdigkeiten vorbeiführen.

KLETTERN   [152 B3]

Senkrecht in die Höhe kraxeln ist in Berlin ein sehr beliebter Zeitvertreib, über ein Dutzend Kletterwände ziehen Bergsteiger an. Z. B. in Fried-

richshain: 75 verschiedene Routen bietet dort der 19 m hohe Betonkegel eines Bunkers. Kletterschuhe, Seil, Gurt und Karabiner können ausgeliehen werden. Wer zu zweit klettert, zahlt pro Person nur 7,50 Euro (statt 10 Euro) für die Ausrüstung. *Eintritt Mo–Fr vor 15 u. Sa ab 19 Uhr 4 Euro, erm. 3 Euro, sonst 7 Euro, erm. 5,50 Euro | tgl. 10–23 Uhr | Revaler Str. 99 | www.derkegel.de | U-/S-Bahn Warschauer Straße | Friedrichshain*

SEGELSCHULE HERING   [0]

Sie wollten schon immer mal mit einem Boot auf Berlins größtem Fluss, der Havel, kreuzen? Während der Sommersaison lädt die Segelschule freitags ab 17 Uhr für nur 5 Euro zum Schnuppersegeln ein. Geübt wird nördlich der Insel Schwanenwerder. Keine Anmeldung erforderlich! *Am Großen Fenster | Grunewald | Tel. 861 07 01 | www.segelschule-hering. de | S 1, 7 Nikolassee | Zehlendorf*

SPREEPADDELN   [152 B4] Insider Tipp

Paddeln auf der Spree ist ein ganz besonderes Vergnügen! In Kreuzberg, wo der Fluss etwas breiter ist, müssen Sie auch keine Angst vor

Kollisionen mit Schubschiffen haben. Schauen Sie sich doch einmal den 30 m hohen "Molecule Man", eine Skulptur in der Spree des Bildhauers Jonathan Borofsky, aus der Nähe an und lassen Sie sich sanft zum Anleger zurücktreiben. Ein Zweier-Kajak kostet rund 12 Euro die Stunde. Vielleicht finden sich ein paar Mitfahrer? Im Vierer sind Sie mit nur 13 Euro dabei! *Paddeln ab 10 Euro/Std. | tgl. ab 11 Uhr bis Sonnenuntergang | Vor dem Schlesischen Tor 2 a | Reservierung auf der Seite www.bootsverleih-kreuzberg.* *de | U 1 Schlesisches Tor | Kreuzberg*

STADTBAD MITTE "JAMES SIMON"
[144 B4–5]
Über 60 Bäder laden in Berlin zum regelmäßigen Schwimmen ein. Eines der schönsten ist das Stadtbad Mitte, Deutschlands größte überdachte Schwimmhalle. Schwimmer fühlen sich hier wie in einem riesigen Treibhaus mit 50-m-Bahn, Glaswänden und Glasdach. *Tageskarte 5,50 Euro, Mo–Fr bis 15 und ab 20 Uhr erm. 3,50 Euro, 10er-Karte 55, erm.*

CLEVER!
> Kostenlose Kultur auf Festivals

Eigentlich wird in Berlin ständig etwas gefeiert, im Mai lockt der Karneval der Kulturen *(www.karneval-berlin.de)* mit einem viertägigen Straßenfest und bunten Umzug, die Fête de la musique *(www.fetedelamusique.de)* im Juni ist ebenfalls ein Highlight mit Hunderten kostenlosen Konzerten in der Innenstadt. Zum Fest der Deutschen Einheit am 3. Oktober gibt es jährlich ein kostenloses Konzert am Brandenburger Tor mit bekannten Bands, und Ende Oktober ist das Festival of Lights *(www.festival-of-lights.de)* ein Publikumsmagnet. Lichtkünstler illuminieren ca. zehn Tage lang wichtige Sehenswürdigkeiten und projizieren Bilder und Farben an das Brandenburger Tor oder den Fernsehturm. Beliebt sind auch die Berliner Märchentage *(www.maerchenland-ev.de)*, das größte Märchenfestival der Welt, mit kostenlosen Lesungen im November. Infos zu allen wichtigen Events unter *www.berlin.de/events*

> **www.marcopolo.de/berlin**

35 Euro | Öffnungszeiten Schwimm-halle: Mo–Fr 6.30–22, Fr 12–22, Sa 14.30–21.30, So 10–17 Uhr | Garten-str. 5 | Tel. 22 19 00 11 | www.berliner baeder.de/baeder/stadtbad-mitte/ | S 1, 2, 25 Nordbahnhof | Mitte

STRANDBAD WANNSEE   [0]

Europas größtes Binnenseebad (Bau-jahr 1907) sollten Sie sich nicht entge-hen lassen. Mit Promenade (Cafés, Imbissbuden), Strandkorbvermietung, 1,2 km langem Sandstrand und Was-serrutschen fühlt man sich hier fast wie an der Ostsee. Wer abends ab halb sechs Uhr kommt, zahlt ebenso weni-ger wie der Frühaufsteher am Wo-chenende. Dann ist es auch deutlich leerer, und Sie haben viel Platz. Nütz-lich und angenehm: Wer beim Aufräu-men und Säubern des Sandstrands hilft, bekommt eine Freikarte für den nächsten Tag. *Eintritt 5,50 Euro, erm. 3,50 Euro, tgl. ab 17.30 und Sa, So ab 8 Uhr 3,50 Euro | Ostern–Sept. Mo–Fr 10–19, Sa, So 8–20 Uhr | Wannseebad 5 | Nikolassee | S 1, 7 Nikolassee | Zehlendorf*

Wannsee-Konferenz mal anders

> **Günstig essen** können Sie an vielen Orten der Hauptstadt. Doch wo es auch so richtig lecker schmeckt, der Service nett ist oder die Location einen Besuch wert, das wissen oft nicht einmal die Berliner. Aber wir!

Natürlich können Sie sich den ganzen Tag von Brötchen ernähren und dazu Limo aus dem Supermarkt trinken, doch günstiger als eine warme Mahlzeit beim Fleischerimbiss (S. 62) oder in einer asiatischen Nudelküche (S. 63) ist das nicht unbedingt. Kaum eine Stadt in Europa hat so viele preiswerte Restaurants und Imbissbuden zu bieten wie Berlin. Sogar in Gourmetrestaurants (S. 68) können Sie mittags relativ preiswert Sterne-Kochkünste genießen. Und wer mit dem manchmal etwas kargen Ambiente einer Kantine oder Mensa (S. 58) nicht hadert, wird auch dort zum kleinen Preis prima satt und lernt vielleicht gleich noch ein paar Einheimische kennen. Ob Currywurstbude, Markthalle oder Suppenküche – Sie werden begeistert sein von der kulinarischen Vielfalt für wenig Geld. Wir wünschen guten Appetit!

CAFÉS

BÖSE BUBEN BAR [138 B1]

Keine Bar, sondern ein Café mit einfachem Bistromobiliar und Büchern zum Lesen. Hier können Sie in der

ESSEN & TRINKEN

Nähe des Regierungsviertels günstig frühstücken (ab 5 Euro). Unter der Woche gibt es jeden Tag einen großen Teller Suppe für 5 Euro. *Tgl. ab 9 Uhr | Marienstr. 18 | Tel. 27 59 69 09 | U-/S-Bahn Friedrichstraße | Mitte*

CINEMA CAFÉ [139 E1]

Das älteste Kaffeehaus am Hackeschen Markt ist gemütlich eingerichtet mit Omas Sofas und altem Esstischmobiliar. An den Wänden hängen unzählige Fotos von Filmen und Gästen. Der Kaffee schmeckt so lala, dafür ist er mit 2 Euro in dieser Lage sehr günstig. Eine knackige Bockwurst mit Brot und Salat wird auch für wenig Geld serviert. Im Sommer gibt es Biergartentische im Hof. *Tgl. ab 12 Uhr | Rosenthaler Str. 39 | Tel. 280 64 15 | S 3, 5, 7, 75 Hackescher Markt | Mitte*

GODSHOT [145 E4]

So viel Bohei um diese schwarze Brühe … Fakt ist: Kaffeeexperten munkeln, dass es in diesem Laden am Prenzlauer Berg den besten Espresso der Stadt gibt. Für uns erst mal interessant: Er kostet nur 1,70 Euro, und ganz ehrlich: Geschmacklich stellt er alles, was sich woanders „Espresso" nennt, in den Schatten. Und die Baristas sollen, obigen gut unterrichteten Kreisen zufolge, zu den talentiertesten der Hauptstadt gehören. Soso! *Mo–Sa 8–18, So 10–18 Uhr | Immanuel-kirchstr. 32 | Tel. 0179/511 26 43 | www.godshot.de | Tram Knaack-straße | Prenzlauer Berg*

KATZ & MAUS [144 B4]

Hier frühstücken nicht nur die Gäste des Circus Hostels (S. 106), auch andere sind gern gesehen. Eine Tasse Kaffee kostet 1,50 Euro, Frühstück bekommen Sie ab 2,50 Euro, das morgendliche All-you-can-eat-Büfett *(bis 13 Uhr)* für nur 5 Euro. Internationales Publikum. *Tgl. 8–21 Uhr | Weinbergsweg 1 a | Tel. 20 00 39 39 | www. circus-berlin.de | U 8 Rosenthaler Platz | Mitte*

KRANHAUSCAFÉ [0]

Insider Tipp

Früher dampften hier die Schornsteine, heute der günstige Cappuccino. Zwischen den alten Industrieanlagen an der Spree steht das eindrucksvolle ehemalige Kranhaus mit super Speisekarte (Cappuccino 2,20 Euro, Quiche 3 Euro), traumhafter Sonnenterrasse und einem Sandkasten für Kids. Schon der Blick, die Ruhe und frische Luft sind nach dem Trubel in Mitte ein idyllischer Traum. Toll auch als Zwischenstation oder gar Ziel, wenn man das Spreeufer mit dem Fahrrad erkundet! *Di–So 10–18 Uhr, Mo geschl. | Paul-Tropp-Str. 11 | Tel. 63 96 76 80 | www.kranhausberlin.com | Tram Ostendestraße | Oberschöneweide*

MAL SO MAL SO [0]

In dem gemütlichen Stübchen gibt es frisch gepressten Orangensaft für 2,50 Euro, Frühstück ab 4,90 Euro, und der Caffe Crema kostet nur 1,80 Euro. Auch die leckere Kürbis-Ingwer-Suppe für 4,30 Euro ist mehr als ihren Preis wert. Ideal nach einem Bummel durch das dörfliche Neukölln am historischen Richardplatz mit Scheunen und Schmiede. *Di–So 10 bis mind. 21 Uhr (max. 1 Uhr) | Böhmische Str. 14 | Tel. 53 08 08 29 | S 41, 42 Sonnenallee | Neukölln*

MORGENBROT [152 B1]

Eigentlich eine Bäckerei, aber an den Stehtischchen kann man auch vor Ort frische Schokocroissants für 1 Euro oder ein lecker belegtes Ciabatta für ca. 1,50 Euro genießen, dazu einen Pott Kaffee für 1 Euro – besser kann eine Pause in Friedrichshain kaum gelingen. *Mo–Sa 7–17, im Sommer bis 19 Uhr | Boxhagener Str. 117 | Tel. 0163/132 20 42 | U 5 Frankfurter Tor | Friedrichshain*

TU-HOCHHAUS [136 C1]

Kaffee mit Ausblick! Im 20. Stockwerk eines Hochhauses mit Fakultäten der Technischen Universität können Sie günstig Kaffee aus dem Automaten trinken (Selbstbedienung), Kuchen zu Bäckerpreisen schlemmen und dabei die prima Aussicht auf Siegessäule und Brandenburger Tor genießen. Am Wochenende geschlossen. *Mo–Fr 7.30–16.15 Uhr | Ernst-Reuter-Platz 7 | U 2 Ernst-Reuter-Platz | Charlottenburg*

WEINEREI   [144 C4]

Der Kaffee geht für 2 Euro über den Tresen, der selbst gebackene Kuchen ebenso. Sie können aber auch mehr zahlen, denn es gibt jeder, was er für angemessen hält. Ausrangierte Sessel und Sofas nebst Wohnzimmertischen nehmen junge wie sparsame Zeitgenossen dabei gerne in Kauf. Abends gibt es ein Essen, deftige Küche wie Schweinebraten mit Rosenkohl. Der Laden ist häufig voll und manchmal nicht sehr sauber. *Tgl. 10–24 Uhr | Veteranen-/Ecke Fehrbellinerstr. | Tel. 440 69 83 | www.weinerei.com | Tram 12 Zionskirchplatz | Mitte*

WOHNZIMMER   [145 D2]

Ein Renner ist das Kaffeegedeck für 3,50 Euro mit belegtem Bio-Brötchen und Heißgetränk. Überhaupt möchte man im Wohnzimmer den ganzen Tag (und die Nacht) verbringen. Frühstück, Mittagstisch, Kaffee und Kuchen und abends Cocktails – besser als Zuhause. Dieser Mix aus Omas

CLEVER!

> *Zwei Gerichte oder Drinks zum Preis von einem*

Wer häufige Restaurantbesuche plant, sollte sich ein Gutscheinheft kaufen. Unter dem Motto „Zwei Gerichte zum Preis von einem" können Sie so in vielen Lokalen der Stadt kräftig sparen. Zum Beispiel mit dem Berlin-Scheckheft für 7,50 Euro. Es ist ein Jahr lang gültig und bietet viele Ermäßigungen (bis zu 50 Prozent!) auf Restaurant-, Theater-, Konzert- oder Sporteventbesuche. Das Heft ist online erhältlich und wird innerhalb Deutschlands versandkostenfrei zugeschickt *(www.berlinscheckheft.de)*. Günstig ins Restaurant kommt man auch mit der Rabatt-Internetplattform Dealzeit. Hier werden tagesaktuell Essen oder Drinks zu Schnäppchenpreisen verkauft *(www.dealzeit.de)*.

Möbeln, modernen Lampen und Bier aus der Flasche erfreut sich besonders unter jungen Anwohnern großer Beliebtheit. Extra Zimmer für Raucher. *Tgl. 9–4 Uhr | Lettestr. 6 | Tel. 445 54 58 | Tram 12 Raumerstraße | Prenzlauer Berg*

ZIMT & ZUCKER   [138 B2]

Ein Paradies für Schleckermäuler: Frische Waffeln mit Zimt und Zucker (4,10 Euro) oder Schmalzstulle (3,90 Euro) bekommen Sie in dem gemütlichen Altbaucafé noch um 20 Uhr, und auch das reichhaltige Frühstück ab 5,50 Euro wird bis zum Abend serviert. Ein guter Ausgangspunkt für Touren ins benachbarte Regierungsviertel oder die quirlige Friedrichstraße. *Tgl. 9.30–22, im Winter bis 21 Uhr | Schiffbauerdamm 12 | Tel. 81 01 08 58 | www.zimtund zucker.com | U-/S-Bahn Friedrichstraße | Mitte*

IMBISS

BURGERMEISTER   [152 A3]

Die besten Burger weit und breit werden unter der Hochbahntrasse in einem ehemaligen Pissoir verkauft. Für ca. 4,40 Euro bekommen Sie eine riesige Portion Hackbrötchen mit Sa-

lat und leckerer Sauce. Das hat allerdings seinen Preis, nämlich häufig bis zu 30 Minuten Wartezeit, bis man dran ist. *Mo–Sa ab 11, So ab 15 Uhr | Oberbaumstr. 8 | Tel. 23 88 38 40 | U 1 Schlesisches Tor | Kreuzberg*

CURRY 36   [158 A2]

Lange Schlangen zeugen vom super Preis-Leistungs-Verhältnis dieser Wurstbude. Die Curry-Variante kostet schlanke 1,80 Euro, die Pommes dazu gibt's für 1,50 Euro, und wer eher auf solide Kost steht, nimmt die Erbsensuppe mit Würstchen für 3,80 Euro. Gegessen wird im Stehen, und das bis tief in die Nacht. *Tgl. 9–5 Uhr | Mehringdamm 36 | Tel. 251 73 68 | U 6, 7 Mehringdamm | Kreuzberg*

FISCHFABRIK   [145 D3]

Hört sich rau an, ist aber ein angesagtes Bistro mit Stehtischen und Barhockern, um günstig Austern zu naschen. Für 6,90 Euro genießen Sie Austern auf Eis und ein Glas Weißwein. Auch lecker: großer Saisonsalat mit Garnelenspießen vom Grill, Aioli, Knoblauchbrot für 9,20 Euro. *Mo–Sa 10–22, So 14–22 Uhr | Danzigerstr. 24 | Tel. 64 31 45 81 | www.*

fischfabrikberlin.de | Tram 10 Huse-
mannstraße | Prenzlauer Berg

HÜHNERHAUS 36 [159 F1]

Brathähnchen vom Besten: Schon
von Weitem sieht man a dem Men-
schenauflauf, dass es hier etwas Leckeres geben muss, nämlich eines der
besten Grillhähnchen der Stadt, samt
Pommes oder Salat für 4,90 Euro.
Bei gutem Wetter nimmt man sein
Essen am besten mit in den benach-
barten Görlitzer Park und setzt sich
dort in die Sonne. *Tgl. ab 9 Uhr |
Görlitzer Str. 1 | Tel. 0163/471 78 54 |*

www.hühnerhaus.com | U 1 Görlitzer
Bahnhof | Kreuzberg

LUXA [145 D5]

Frische Falafel mit Salat für nur
2,90 Euro, dazu kostenlosen  Tee
soviel Sie mögen – nach einem Knei-
penbummel entlang der Torstraße
können Sie sich hier bestens auf ori-
entalische Art stärken. Am Fenster
haben Sie einen prima Blick auf das
Getümmel der großen Kreuzung vor
der Tür. *Tgl. 10–3 Uhr | Torstr. 56 |
Tel. 0171/187 11 10 | U 2 Rosa-Lu-
xemburg-Platz | Mitte*

Macht glücklich: Hausgemachtes gibt's im Zimt & Zucker am Schiffbauerdamm

MARKTHALLE MARHEINEKEPLATZ [158 B3]

Insider Tipp

13 verschiedene Imbissstände unter einem Dach – da kommt Appetit auf. Wer gern günstig in ein Bio-Hüftsteak (8,50 Euro) beißen will, ist hier genauso richtig wie Liebhaber der guten alten Bockwurst mit Brot für nur 1,60 Euro. Vegetarier werden mit Salaten und Falafel glücklich. Nachteil: Sitzplätze gibt es fast nur draußen (bei schönem Wetter). Drinnen wird meistens an Stehtischen gegessen. *Mo–Fr 8–20, Sa 8–18 Uhr | Marheinekeplatz | Tel. 61 28 61 46 | U 7 Gneisenaustraße | Kreuzberg*

MUSTAFAS GEMÜSE-KEBAP [158 A2–3]

Vegetarier haben endlich einen Grund, einen türkischen Imbiss zu besuchen. In die Brottasche wird statt Kalb- oder Hühnerfleisch gegrilltes Gemüse und Salat gefüllt (ca. 2,80 Euro). Auch Schafskäse schmeckt, der freundliche Verkäufer erfüllt alle Wünsche zum kleinen Preis (Pommes 1,50 Euro!). Wen der Verkehrslärm am Mehringdamm und die lange Zeit in der Warteschlange (der Imbiss ist legendär) erschöpfen, lässt sich das Essen lieber einpacken und picknickt am Kreuzberg (S. 39). *Tgl. 10–2 Uhr | Mehringdamm 32 | www.mustafas.de | U 6, 7 Mehringdamm | Kreuzberg*

ROSENTHALER [144 B4]

Guter Dönerkebap (3,90 Euro), aber auch das Grillhähnchen mit Pommes und Salat (4,80 Euro) ist beliebt. Sie sitzen wie in einem geräumigen Restaurant im mediterranen Stil, allerdings mit Selbstbedienung. Pizza, Börek und Pide werden im Steinofen gebacken. *Tgl. 10–2 Uhr | Torstr. 125 | Tel. 28 39 09 28 29 | U 8 Rosenthaler Platz | Mitte*

KANTINEN UND MENSEN

BONA KOLLEKTIV [0]

Es hupt und brüllt, Abgase mischen sich mit Dönergeruch, Kopftuch neben Pferdeschwanz: Alltag auf der Hermannstraße in Neukölln. Hier haben vier junge Wahlberliner ein fantastisches Bistro eröffnet. Für kleines Geld gibt es eine Melange aus italienischen und polnischen (die Heimatländer der Gründer) Köstlichkeiten. Super ist der „Techno-Brunch", bei dem DJs elektronische Musik auflegen und nur schwarzes Essen serviert wird: passend zum Dresscode der Berliner Technoszene. Kostenpunkt 9 Euro, dafür ist man aber auch den

Insider Tipp

ganzen Tag satt. Versprochen. *Di–Fr 9–17, Sa, So 10–17, Mo geschl. | Hermannstr. 178 | www.facebook. com/bonakollektiv | U 8 Leinestraße | Neukölln*

CASINO BERLINER ENSEMBLE [138 B1]

Schauspieler stärken sich mit einem Szegediner Gulasch oder einer Thüringer Rostbratwurst mit Kartoffelpüree. Die deftige Hausmannskost (2,60–5 Euro) im Souterrain des Theateranbaus wird aber auch für Sie gemacht. Vier Gerichte stehen täglich zur Auswahl, die an der Essensausgabe abgeholt werden. In gemütlicher Bistro-Atmosphäre kann man seinen Hunger stillen und sich unter Künstler und Theaterpublikum mischen. *Tgl. 9–24 Uhr | Bertolt-Brecht-Platz 1 | Tel. 28 40 81 17 | U-/S-Bahn Friedrichstraße | Mitte*

GREENS [0]

Gut essen und gleichzeitig etwas für die Berliner Jugend tun: Das Projektrestaurant im Olympiapark bildet Jugendliche zu Küchenpersonal aus. Diese zaubern täglich zwei Hauptgerichte für 4 bis 5 Euro. Die Tasse Kaffee kostet nur 1,20 Euro. Für Besucher des Olympiastadions oder des 77 m hohen Glockenturms ein prima Ort, um sich zu stärken. *Mo–Fr 12–14.30 Uhr | Im Friesenhof, Block 6 | Tel. 93 95 66 11 | S 5 Olympiastadion | Charlottenburg*

KANTINE KREUZBERG [158 A2]

Insider Tipp

Essen mit tollem Ausblick ist im Obergeschoss des ehemaligen Rathauses von Kreuzberg (10. Stock) eine leckere Angelegenheit. Das Essen ist deftig, auch mal mediterran (ca. 3,30–5,90 Euro), fünf Gerichte – darunter ein vegetarisches – stehen täglich zur Auswahl. Sehr gut schmecken die Eintöpfe. *Mo–Fr 7–15, Mittagessen ab 11.30 Uhr | Yorckstr. 4–11 | Tel. 251 63 46 56 | www.kantine-kreuzberg.de | U 6, 7 Mehringdamm | Kreuzberg*

KUK KANTINE IM ABGEORDNETENHAUS [138 B5]

Den Berliner Abgeordneten auf der Spur! In der KuK Kantine gibt es Hausmannskost (ca. 3–5,70 Euro), die erstaunlich leicht wirkt und teilweise mit Bio-Zutaten zubereitet wird. Kleiner Haken: Abgeordnete und Mitarbeiter des Hauses werden bevorzugt bedient zwischen 11.30 und 13 Uhr (an Sitzungstagen ist die

Kantine von 11.30 bis 13.15 Uhr für Besucher geschlossen. Tipp: Sie können hier auch günstig frühstücken, und vielleicht setzt sich ein bekannter Berliner Politiker an Ihren Tisch. *Mo–Do 7.30–16, Mittagessen 11.30–15 Uhr, Fr 7.30–15, Mittagessen 11.30–14 Uhr | Niederkirchnerstr. 5 | Tel. 23 25 19 45 | www.widynski-roick.de| U-/S-Bahn Potsdamer Platz | Mitte*

MENSA NORD [143 F5]

Die hungrigen Studenten und Angestellten der Humboldt-Universität lieben die gesundheitsbewusste Küche ihrer Mensa. Aber auch Besucher sind hier jederzeit willkommen. Serviert wird Exotisches wie Kokoshuhn und zusätzlich jeden Tag ein Bio-Essen (ca. 2–5 Euro). Im Sommer lockt die schöne Terrasse. Der Haken: Bezahlung ist nur bargeldlos mit der Mensacard (Aufladung ab 5 Euro) möglich, die sie am Eingang an einem Automaten kaufen können. Fragen Sie am besten einen Studenten oder eine Studentin, ob er oder sie Ihr Essen mitbezahlt und geben Sie ihm/ihr das Geld bar. *Mo–Fr 8–18, Mittagessen 11.15–14.30 Uhr | Hannoversche Str. 7 | U 6 Naturkundemuseum | Mitte*

THEATERKANTINE IN DER VOLKSBÜHNE [151 D1]

Hier speisen vor allem Schauspieler und Techniker des Theaters, aber auch Gäste sind willkommen. Die Kantine mit ihren derben Holztischen ist zwar nicht gerade für kulinarische Meisterleistungen bekannt, aber wer solide Hausmannskost (Speisen ca. 3–4,50 Euro) mag, wird glücklich. Prima sind die italienischen Kaffeespezialitäten und der hausgebackene Kuchen. Einfach beim Pförtner klingeln, dann links eine Treppe abwärts. Die Kantine befindet sich im Souterrain. *Tgl. 8–24, Mittagessen 11.30–14 Uhr | Linienstr. 227 | Tel. 61 74 24 42 | U 2 Rosa-Luxemburg-Platz | Mitte*

RESTAURANTS

CAFÉ ROSSIA [147 D5]

Im S-Bahnhof Charlottenburg duftet es nach Blini, Borschtsch und Piroggen: Im schlicht eingerichteten, russischen Selbstbedienungsrestaurant können Sie schon für 2,50 Euro Tschebureki, das sind Teigtaschen mit Lammfleisch, essen. Eine Portion Vareniki, Maultaschen gefüllt mit Kartoffeln, Quark oder Kirschen, gibt es für 4,80 Euro. Sonniges Lokal mit Aussicht auf den Vorplatz, 24 Stunden geöffnet! Nebenan werden russische Lebensmittel und Getränke in einem Supermarkt verkauft. *Tgl. 0–24 Uhr | Stuttgarter Platz 36 | Tel. 23 27 20 22 | S 3, 5, 7 Charlottenburg | Charlottenburg*

CUM LAUDE   [139 D2]

Ein echter Geheimtipp: Im Restaurant der Humboldt-Universität können auch Besucher Platz nehmen. Wer keinen Mensa-Lärm verträgt und trotzdem in der Nähe der Uni hungrig wird, isst hier gut und preiswert – besonders Mo–Fr mittags, da kostet das Tagesgericht ca. 5,90 Euro. Zum Beispiel gefüllte Hähnchenkeule mit Basilikum-Schwarzwurzelragout und Pestokartoffeln. *Tgl. 12–24 (Küche bis 22 Uhr), günstiges Mittagsgericht Mo–Fr 11.30–15 Uhr | Platz der Märzrevolution | Tel. 208 28 83 | www.*

Russisch für Fortschreitende: Café Rossia

cum-laude.info | U-/S-Bahn Friedrichstraße | Mitte

DEFNE [159 D2]

Das türkische Restaurant am Landwehrkanal punktet mit leckeren und günstigen Grillgerichten, Suppen und Weinen aus Anatolien. Die Einrichtung ist schlicht und mediterran inspiriert, im Sommer lockt der Biergarten unter Bäumen. Vegetarier werden ebenfalls glücklich, zum Beispiel mit einer roten Linsensuppe nach anatolischer Art, serviert mit Pide für nur 4 Euro. *Tgl. ab 17, im* Sommer ab 16 Uhr | Planufer 92 c | Tel. 81 79 71 11 | www.defne-restaurant.de | U 8 Schönleinstraße | Kreuzberg

DINEA RESTAURANT [139 F1]

Der Ausblick auf den Alexanderplatz vom Obergeschoss des Kaufhofs ist grandios. Obendrein wird in dem Selbstbedienungsrestaurant solide Küche aus aller Welt für rund 5 bis 8 Euro (bezahlt wird nach Gewicht) geboten. Die moderne, freundliche Einrichtung, lässt vergessen, dass man sich in einem Kaufhaus befin-

CLEVER!

> Essen in der Fleischerei

Es gibt sie noch, die Fleischer mit Imbiss, in denen man günstig und so gut wie ehemals bei Mutter satt wird. In der Fleischerei Naesert *(Mo–Fr 8–18 Uhr | Koppenstr. 41–42 | Tel. 427 39 42 | U 5 Straußberger Platz | Friedrichshain* [151 F2]*)* etwa wartet Eisbein mit Erbspüree oder ungarisches Kesselgulasch auf hungrige Gäste – und das zum günstigen Imbisstarif von ca. 4 Euro. Lecker sind auch die deftigen Eintöpfe (2 Euro). Ideal nach einem Spaziergang über die Karl-Marx-Allee, Berlins interessantesten Boulevard. Handfeste Hausmannskost zum kleinen Preis gibt es auch in der Fleischerei Domke *(Mo–Fr 6.30–22, Sa 7.30–22, So 10–22 Uhr | Warschauer Str. 64/Ecke Kopernikusstr. | Tel. 291 76 35 | U-/S-Bahn Warschauer Straße | Friedrichshain* [152 B2]*)*. Zum Beispiel Blutwurst mit Stampfkartoffeln und Sauerkraut für 3,80 Euro. Eine gute Grundlage für eine Kneipentour im Friedrichshainer Szenekiez.

det. Tipp: Die zweite Tasse Kaffee kostet nur 1 Euro! *Mo–Mi 9.30–20, Do–Sa 9.30–22 Uhr | Alexanderplatz 9 | Tel. 24 74 37 48 | U-/S-Bahn Alexanderplatz | Mitte*

FACTORY KITCHEN [144 B3]

Sich mal so richtig am Puls der Zeit fühlen: Spielen Sie Mäuschen und mischen sich unter die Hipster und Nerds des Berliner Silicon Valley. Hier sitzen Unternehmen wie Twitter, SoundCloud oder Pinterest – und deren Mitarbeiter am Tisch nebenan. Schön die Ohren spitzen also beim günstigen Mittagessen (Fleischspieße für 3,50 Euro) und Fun Facts über die Innovationen der Zukunft einholen. Mittagszeit beginnt hier um 12 Uhr. *Mo–Fr 9–17 Uhr | Rheinsberger Str. 76–77 | Tel. 44 31 09 50 | www.kitchen.factoryberlin.com | U 8 Bernauer Straße | Mitte*

JOSEPH ROTH DIELE [149 E5]

Schlicht und deftig, aber gut, ist das Motto dieser Kneipenküche. Schnitzel, Gulasch und Eintöpfe sind nicht nur preiswert, sondern auch lecker (Mittagstisch 4,95 Euro). Wer lieber Stullen mag, kann zwischen vielen verschiedenen Varianten wählen, die Schmalzstulle aus selbst gebackenem Brot kostet nur 3 Euro. Joseph Roth war ein bekannter Autor (1894–1939). *Tgl. 10–24 Uhr | Potsdamer Str. 75 | Tel. 26 36 98 84 | www.joseph-roth-diele.de | U 1 Kurfürstenstraße | Tiergarten*

LAVANDERIA VECCHIA [159 E5]

Gemütliche Trattoria in einer ehemaligen Wäscherei im zweiten Hinterhof. Zum Festpreis von 60 Euro inklusive Mineralwasser, einer halben Flasche Wein oder zwei Bier bzw. Softdrinks, Kaffee und Digestif wird abends um halb acht ein leckeres, mehrgängiges Menü serviert. Mittags gibt es schon ab 6 Euro frische Pasta sowie ein dreigängiges Menü für 10 Euro. *Di–Fr 12–14.30 u. 19.30–24, Sa 19.30–24 Uhr | Flughafenstr. 46 | Tel. 62 72 21 52 | www.lavanderia-vecchia.de | U 8 Boddinstraße | Neukölln*

LON MEN'S NOODLE HOUSE [147 F4]

Okay, wirklich anders als jeder andere Asia-Imbiss sieht das Nudelhaus nicht aus. Aber hier trügt der Schein wirklich! Tatsächlich gibt's hier so günstiges und vor allem authentisch-taiwanesisches Essen, dass hier oft mehr Asiaten als Berliner abhängen. Perfekt scharf und knusprig sind die frisch zubereiteten Chili Wan Tans (nur 3,80 Euro!), die man auf jeden Fall mal probieren sollte! Inhaber Hsien Kuo Ting und seine Frau Show Lian Liaw Ting stehen selbst am Topf und achten auf die Qualität und den unverkennbaren Geschmack ihrer schweißtreibenden Gerichte. Schon Simon Rattle und Helmut Kohl aßen hier. *Tgl. 12–22.30 Uhr | Kantstr. 33 | Tel. 31 51 96 78 | S-Bahn Savignyplatz | Charlottenburg*

LOUIS [159 E3]

Hier ist das Schweineschnitzel das Highlight: Mit einem Durchmesser von 46 cm und einem Gewicht von 1,2 kg (!) bietet das Louis das wohl größte Schnitzel Berlins. Die riesige Portion vom Format zweier Teller (mit Pommes frites für 15,90 Euro) ist selbst zu zweit kaum zu schaffen. Ist immer noch etwas übrig, reicht einem die freundliche Bedienung gerne ein Stück Alufolie zum Einpacken. Schlichte, funktionale Einrichtung, im Sommer sitzen Sie am schönen Richardplatz. Wenn Sie einen Besuch am Abend planen, sollten Sie unbedingt reservieren, da das Lokal häufig ausgebucht ist! *Tgl. 11–23 Uhr | Richardplatz 5 | Tel. 681 02 10 | U 7 Karl-Marx-Straße | Neukölln*

MANNGO [150 C1]

Vietnamesische Nudelsuppen (ca. 4–6 Euro), Shrimps in Reispapier mit Erdnusssauce sowie die besten frisch gepressten Fruchtsäfte (0,3 l ca. 2–3 Euro) weit und breit hält das winzige Lokal für seine Gäste bereit. Das schlichte Ambiente macht der freundliche Service wett. Trotz der teuren Lage preiswert und gut. *Mo–Fr 12–24 Uhr, Sa 13–24 Uhr | Mulackstr. 29 | Tel. 28 04 05 58 | www.manngo.de | U 8 Weinmeisterstraße | Mitte*

MERCAN [159 E2]

Türkische Hausmannskost in einfacher, aber sehr gastfreundlicher Atmosphäre: Besonders beliebt sind die weißen Bohnen, gegrilltes Gemüse, Lammgerichte, Buletten und Milchreis nach türkischer Art. Preisschnäppchen: das täglich wechselnde Menü mit Hauptgericht, Salat und wahlweise Tee oder Wasser für nur 6 Euro. *Tgl. 11–22 Uhr | Wiener Str. 10 | Tel. 61 28 58 41 | U 1 Görlitzer Bahnhof | Kreuzberg*

MUSE [145 E4]

Ein langer Tisch, schöne Menschen daran, Gelächter, Gläserklingen und auf den Tellern Essen wie frisch aus dem Foodblog. Nein, Sie sind nicht in einem Woody-Allen-Film gelandet, sondern im Muse in Berlin! Unbedingt hingehen und für ganze 5 Euro den sensationellen Superfood-Salat mit frischer Rote Bete, Spinat, Cranberries, Quinoa, Nüssen und Miso-Dressing essen. Der lässt einem nicht nur das Wasser im Mund zusammenlaufen, sondern schont neben Geldbeutel auch Gürtel, so leicht ist er! *Mo–Fr 12–23, Sa 10.30–23, So 10.30–16 Uhr | Immanuelkirchstr. 31 | Tel. 40 05 62 89 | www.muse berlin.com | Tram Knaackstraße | Prenzlauer Berg*

RASTSTÄTTE GNADENBROT [156 C2]

Im Selbstbedienungsrestaurant gibt es deftige deutsche Küche zum fairen Preis, z. B. Käsespätzle mit Salat für 6,50 Euro. Oder wie wäre es mit einer großen Schüssel Eintopf mit Würstchen für 4,70 Euro? Der täglich wechselnde Mittagstisch kostet 5,90 Euro. Warme Mahlzeiten wer-

CLEVER!

> **Schlemmen unter Bäumen: Picknick im Park**

Günstiger geht's nicht: Kaufen Sie einfach im Supermarkt alles ein, was Sie für ein ordentliches Picknick brauchen, z. B. Kartoffelsalat, Buletten, Spreewälder Gurken und Fladenbrot. Dazu Fassbrause, Bier oder Berliner Weiße – und fertig ist das kalte Büfett à la Berlin. Die schönsten Picknickplätze befinden sich auf dem Kreuzberg (S. 39), im Tiergarten (S. 43) oder im Volkspark Friedrichshain (S. 44). In Letzterem gibt es am Schwanenteich den Biergarten Schön-

brunn *(März–Sept. tgl. ab 12 Uhr | Tel. 453 05 65 25* [145 F5]*)*, in dem Sie als Ergänzung preiswert Pizza oder Bier ordern können. Cool ist auch ein Picknick oben in der Reichstagskuppel (S. 40). Nach gelungenem Aufstieg können Sie sich hier auf den Bänken niederlassen und Ihr ganz persönliches Gipfelfest feiern, z. B. zünftig mit belegten Broten und Kaffee aus der Thermoskanne. Glasflaschen sind allerdings nicht erlaubt.

den am Wochenende bis Mitternacht, werktags bis 23.30 Uhr aufgetischt. Hier fühlen Sie sich wie in einer Autobahnraststätte – kultig! *Tgl. ab 9 Uhr | Martin-Luther-Str. 20 a/Ecke Motzstr. | Tel. 21 96 17 86 | www. raststaette-gnadenbrot.de | U 1, 2 Nollendorfplatz | Schöneberg*

REPKE SPÄTZLEREI [147 F5]

Leckere süddeutsche Küche für den kleinen Geldbeutel, etwa Käsespätzle für 4,90 Euro oder Maultaschen mit Kartoffelsalat für 5,90 Euro. Jeder Tag ist einem bestimmen Gericht gewidmet, das es an diesem Tag von 11.30 bis 15.30 Uhr extra günstig

Mehr als nur Spargelwochen verbringen im Wirtshaus Hasenheide

gibt. Tipp für Spätaufsteher: Montag bis Freitag von 16 bis 18 Uhr gibt es alle Mittagsgerichte zum halben Preis! *Tgl. ab 11.30 Uhr | Bleibtreustr. 46 | Tel. 88 71 86 72 | www.spaetzlerei.de | S 5, 7, 75 Savignyplatz | Charlottenburg*

RESTAURATION SOPHIEN 11 [144 B5]

Berliner Küche, wie sie besser und deftiger kaum sein kann: Hier bekommen Sie Kassler oder Eisbein mit Erbspüree für nur 12,50 Euro. Wer es einfacher mag, nimmt die Currywurst oder die gute alte Bulette mit Zwiebeln und Brot für jeweils 5,50 Euro. Gemütliches Lokal mit Kneipencharakter. *Tgl. 12–2 Uhr | Sophienstr. 11 | Tel. 283 21 36 | www.restauration-sophien11.de | U Weinmeisterstraße | Mitte*

TAVERNA APOLLON [145 E3]

Zum besonders günstigen Mittagstarif (5,50 Euro) können Sie in diesem Ecklokal von Montag bis Freitag ein Gericht Ihrer Wahl essen. Lecker ist die Spezialplatte Saloniki mit Souvlaki, Gyros, Lammkotelett und Rinderleber mit Salat. Zur Rechnung gibt's einen Schnaps aufs Haus. Gemütliche Einrichtung im typischen Tavernendesign, freundliche Bedienung. *Mo–Do, So 12–24, Fr, Sa 12–1 Uhr | Danziger Str. 72/ Prenzlauer Allee | Tel. 442 61 04 | www.taverna-apollon.de | Tram M 2 Danziger Str./Ecke Prenzlauer Allee | Prenzlauer Berg*

WIRTSHAUS HASENHEIDE [159 E4]

Gut und günstig, um werktags oder am Wochenende in den Tag zu starten. Für nur 4,90 Euro kann man sich am Büfett *(9–14 Uhr)* bedienen, so lange der Magen mitmacht. Am besten am Wochenende reservieren, denn das faire Angebot hat sich herumgesprochen. Zum Mittagessen empfiehlt sich eine knusprige Grillhaxe für nur 8,90 Euro. Oder wie wäre es mit einer deftigen Berliner Kesselgulaschsuppe? Super-Kombi: Eisbein mit Fasssauerkraut, Salzkartoffeln und Erbspüree, inklusive 0,5 l Bier und 2 cl Korn für nur 13,90 Euro! Danach können Sie einen Verdauungsspaziergang zum nahe gelegenen Tempelhofer Flugfeld (S. 39) unternehmen. *Di–Sa 9–2, So, Mo 9–24 Uhr | Hasenheide 18 | Tel. 69 51 51 58 | www.wirtshaus-hasenheide.de | U 7, 8 Hermannplatz | Kreuzberg*

Sie möchten die Sterne-Restaurants der Stadt erkunden, ohne dabei arm zu werden? Probieren Sie einfach die Mittagsmenüs, einige Gourmettempel haben dann ein wesentlich günstigeres Angebot als am Abend, und das bei derselben Qualität. Die Weine sind nicht günstiger, weshalb Sie es bei einem Glas belassen sollten. In der Schlemmeretage von KaDeWe und Galeries Lafayette sitzen Sie zwar nur an Tresen, dafür sind Edel-Sushi und Hummer preiswerter als im Feinschmeckerrestaurant.

BIEBERBAU [156 A5]

Einmal Kaiser spielen und so richtig was rauslassen. Im 1-Sterne-Restaurant von Stephan Garkisch geht das, ohne gleich danach Privatinsolvenz anmelden zu müssen. Für nur 43,50 Euro wird einem hier ein solches 3-Gänge-Menü auf den Teller gezaubert, dass einem Hören und Sehen vergeht (aber schmecken, das tut man noch, und wie!). „Kräuter, Gewürze und Salze" sind das Motto des Kochs, der seinen eigenen Kräutergarten unterhält. Fein, regional und unprätentiös: ein absolutes Genuss-Schnäpp-

chen! Mo–Fr 18–00, Sa, So geschl. | Durlacher Str. 15 | Tel. 853 23 90 | www.bieberbau-berlin.de | U-/S-Bahn Bundesplatz | Schöneberg

FACIL [149 E4]

Mittags wird im 1-Sterne-Lokal von Küchenchef Michael Kempf Bauer Beuthes Wollschwein mit Pastinake, Radicchio und Hibiskus für 21 Euro serviert. Ein dreigängiges Menü ist schon für 51 Euro zu haben, abends kostet das viergängige Menü 119 Euro. Highlight ist das Dach, das im Sommer wie beim Cabriolet teilweise weggeschoben werden kann. Sie speisen dann unter freiem Himmel! Mo–Fr 12–15, 19–23 Uhr | Potsdamer Str. 3 | Tel. 590 05 12 34 | www.facil.de | U-/S-Bahn Potsdamer Platz | Tiergarten

GALERIES LAFAYETTE [138 C3]

Im Untergeschoss des französischen Kaufhauses erwartet Sie ein Schlaraffenland aus französischen Spezialitäten, die Sie auch gleich vor Ort genießen können. Wie wäre es mit La Beaujolaise, einer Platte mit Schinken und Saucissons aus dem Beaujolais inklusive Baguette, Cornichons und grünem Salat für 8,90 Euro? Sie können auch Austern schlürfen (Stück ca. 2 Euro) und dazu ein Glas Champagner (ca. 5 Euro) goutieren. Die Atmosphäre ist ein wenig unruhig, weil ringsum Kunden einkaufen, dafür sind die Spezialitäten relativ günstig. *Mo–Sa 10–20 Uhr | Französische Str. 23 | Tel. 20 94 80 | www.galerieslafayette.de | U 6 Französische Straße | Mitte*

KADEWE [137 F4]

Die Schlemmeretage des Nobelkaufhauses ist weltberühmt! Hier haben Sie die Wahl zwischen 30 verschiedenen Gourmetständen. Internationale Stars, u.a. Paul Bocuse und Lenôtre aus Frankreich, haben Dependancen. Die LenôtreTorten (Stück ca. 5 Euro) sind ein Traum! Auch Sushi können Sie in hervorragender Qualität (ca. 15 Euro) genießen. Oder haben sie vielleicht Lust auf einen ganzen Hummer für nur ca. 27 Euro? *Mo–Do 10–20, Fr 10–21, Sa 9.30–21 Uhr | Tauentzienstr. 21–24 | Tel. 212 10 | www.kadewe.de | U 1, 2 Wittenbergplatz | Schöneberg*

REINSTOFF [144 A4]

Möchten Sie jemanden beeindrucken? Die Schwiegermutter vielleicht? Dann ab ins 2-Sterne-Restaurant von Daniel Achilles und das Mittagsmenü bestellen. In der alten Glühlampenfabrik sieht es nicht nur futuristisch-deluxe aus, die drei Gänge, die so was von Eindruck machen (Auge und Gaumen), kosten nur 45 Euro. Muss die Dame aber nicht wissen. *Di–Do 19–23, Fr, Sa 12–13.30, 19–23 Uhr, So, Mo geschl. | Schlegelstr. 26c | Tel. 30 88 12 14 | www.reinstoff. eu | U 6 Naturkundemuseum | Mitte*

ROGACKI [147 E4]

In Berlins Schnäppchen-Edelimbiss können Sie Austern essen, drei Stück plus ein Glas Wein für ca. 7,65 Euro. Auch sehr lecker: italienische Scampi-Pfanne mit Pinien-und Sonnenblumenkernen für 11,90 Euro! Sie bestellen am Tresen und sitzen auf Hockern. Mittags kann es hier ziemlich eng werden. *Mo–Mi 9–18, Do 9–19, Fr 8–19, Sa 8–16 Uhr | Wilmersdorfer Str. 145–146 | Tel. 343 82 50 | www.rogacki.de | U-/S-Bahn Charlottenburg | Charlottenburg*

> **Schnäppchenstadt, Flohmarktparadies und Outlet-City – Berlin kann sich mit vielen Titeln brüsten. Fakt ist: Beim Shoppen können Sie hier viel Geld sparen**

Ein Paar Designerschuhe für unter 50 Euro, dazu den passenden Anzug oder ein edles Abendkleid für unter 100 Euro? Günstig einkaufen können Sie in Berlin an vielen Orten. Die Dichte an Shoppingcentern ist enorm, und dementsprechend groß ist die Konkurrenz der Einzelhändler, die mit Sonderangeboten locken. Aber so richtig Geld sparen können Sie, wenn Sie einen etwas weiteren Weg in Kauf nehmen und zu den Fabrikverkäufen und Outlet-Centern (S. 75) am Stadtrand fahren. Oder wie wäre es mit einem Outfit aus zweiter Hand? Berlin hat eine Vielzahl an Second-handshops (S. 79) und Flohmärkten (S. 72), wo Sie nach Herzenslust stöbern und mitunter Markenkleidung zu winzigen Preisen erstehen können. Das gilt auch für Edelmarken wie Gucci und Co., die in Luxus-Secondhandshops (S. 82) gehandelt werden. Lassen Sie sich einfach vom Angebot überraschen. Bei derart niedrigen Preisen kann man auch mal etwas mitnehmen, was man nicht unbedingt braucht. Der neue Mantel für 50 Euro war vielleicht nicht geplant, aber er sieht sehr gut aus. Und ein bisschen Platz ist sicherlich noch in Ihrem Koffer.

SHOPPEN

DIES & DAS

MA GARDEROBE [152 C2]

Ein pastellfarbener Shopping(t)raum für Schnäppchenjäger. Neben frisch aus Paris eingetroffenen Kollektionen finden Sie in der süßen Boutique der Französin Audrey Martinez auch Schmuck und Accessoires mit Pariser Chic. Diese Enklave der Ästhetik im rauen Friedrichshainer Kiez ist allemal einen Besuch wert. *Mo–Sa 11.30–19.30 Uhr | Wühlischstr. 38 | Tel. 80 92 82 92 | www.magarderobe.de | Tram Wühlischstraße, Gärtnerstraße | Friedrichshain*

LUXUS INTERNATIONAL [144 C3]

Geschenke finden leicht gemacht: Souvenirs von Berliner Designern kriegen Sie hier schon ab 2 Euro, etwa „Berlin liebt dich"-Buttons oder Fotomagneten. Eine Plätzchen-Backform Brandenburger Tor gibt's für 7 Euro. Da kann man einfach nur staunen, was sich Berliner Designer so alles einfallen lassen! *Mo–Sa 11–20, So 13.30–19.30 Uhr | Kastanienallee 84 | Tel. 86 43 55 00 | www. luxus-international.de | U 2 Eberswalder Straße | Prenzlauer Berg*

MODULOR [150 C5]

Selbst machen und Geld sparen! Mehr als 7000 ungewöhnliche Dekoartikel für Modellbau und andere Basteleien warten auf fantasievolle Kundschaft. Wer Spaß am eigenen Gestalten hat, wird hier sein Paradies entdecken. Von Pappwabenplatten über Lochbleche bis Folien

in vielen Farben ist alles vorhanden. Wer Lust hat, nähen zu lernen, kann sich im integrierten Nähstudio ausprobieren. Kostenlose 🐷 Vorträge und Workshops locken ebenfalls ein kreatives Publikum an. Mit Onlineshop. *Mo–Fr 9–20, Sa 10–18 Uhr | Prinzenstr. 85 | Tel. 69 03 60 | www.modulor.de | U 8 Moritzplatz | Kreuzberg*

FLOHMÄRKTE

ARKONAPLATZ　　　　　　　[144 C3]
DDR-Nostalgiker finden hier so manches Relikt aus alten Zeiten, vorwiegend aus den sanierten Altbauten rundum. Bücher, Schallplatten und Hausrat sind dabei die Schwerpunkte. Das Publikum ist jung und urban gestylt. Wer nichts kauft, lässt sich blicken, um Freunde zu treffen und um im Anschluss in einem der Szenecafés in der Nähe ein spätes Frühstück zu verdrücken. *So 10–16 Uhr | Arkonaplatz | Tel. 0171/710 16 62 | www.troedelmarkt-arkonaplatz.de | U 8 Bernauer Straße | Mitte*

BOXHAGENER PLATZ　　　　[152 C2]
Der kleine Flohmarkt im Szenekiez mit fairen Preisen und jungem Publikum aus der Umgebung glänzt durch eine erstaunliche Vielfalt. Vom Hausrat bis zu Designer-T-Shirts können Sie hier alles kaufen. An sonnigen Tagen versammelt man sich in den Cafés am Platz, um dem Treiben der Gelegenheitshändler zuzuschauen. *So 10–18 Uhr | Boxhagener Platz | Tel. 0174/946 75 57 (nur abends) | www.boxhagenerplatz.de | U 5 Samariterstraße | Friedrichshain*

FLOHMARKT AM MAUERPARK [144 C2–3]
Partyzone und Trödel: Der größte Flohmarkt der Stadt lockt mit einem volksfestähnlichen Charakter. Musiker spielen, die Bratwürste duften wie Bolle und Berliner Nachwuchsdesigner bieten ihre neuesten Kreationen an. Die Preise sind relativ niedrig, Feilschen gehört zum Geschäft. Klamotten und alte Schallplatten sind der Renner, aber auch Schmuck verkauft sich gut. *So 9–18 Uhr | Mauerpark, Eberswalder Straße | Tel. 29 77 24 86 | www.flohmarktim mauerpark.de | U 2 Eberswalder Straße | Prenzlauer Berg*

HALLENTRÖDELMARKT TREPTOW [152 B4]
In zwei großen Fabrikhallen geht es zu wie auf einem orientalischen Basar. Profihändler sitzen einge-

pferch zwischen Autoreifen, Messing-Türschlössern, alten Stehlampen, Omas Porzellan und vielem mehr, was der Haushalt so gebrauchen kann. Feilschen gehört zum Einkaufen dazu wie die Bratwurst am Hallenimbiss. Ein echtes Erlebnis! *Sa, So 10–16 Uhr | Puschkinallee/Am Flutgraben | S 8, 9, 41, 42 Treptower Park | Treptow*

NACHTFLOHMARKT   [0] Inside Tipp

Wenn es dämmrig wird, geht es im Club SO36 erst richtig los. Während an Ständen mit Trödel und coolen T-Shirts auch aus erster Hand eifrig gefeilscht wird, legen DJs einen angesagten Soundteppich darunter. *Eintritt frei | jeden 2. Mi ab 20 Uhr | Oranienstr. 190 | Tel. 61 40 13 08 | www.so36.de | U 1, 8 Kottbusser Tor | Kreuzberg*

Kunterbunte Auswahl auf dem Flohmarkt am Mauerpark

TRÖDELMARKT AM 17. JUNI [137 D–E1]

Der Klassiker unter den Berliner Flohmärkten punktet besonders mit Antiquitäten und Hausrat der letzten 100 Jahre, zumindest teilweise zu recht bezahlbaren Preisen. Wer seltene CDs und Schallplatten sucht, hat ebenfalls die große Auswahl. Auch ein Blick nach nebenan ist interessant, dort verkaufen Berliner Künstler ihre Werke auf dem großen Kunstmarkt. *Sa, So 10–17 Uhr | Straße des 17. Juni | Tel. 26 55 00 96 | www.berliner-troedelmarkt.de | S 3, 5, 7, 75 Tiergarten | Charlottenburg*

MODE

LA BOND – BERLIN [144 B4]

Insider Tipp

Die günstigen Röcke und Kleider (ab 15 Euro) aus der hauseigenen Schneiderei sehen nicht nur blendend aus, sie sind auch größtenteils Unikate. Die nette Modedesignerin und Schneiderin Larissa Runge berät Sie gern und fertigt auch nach Maß an, dafür hat sie immer jede Menge hübscher Stoffe auf Vorrat. Und wenn Sie etwas Textiles zu reparieren haben, sind Sie hier ebenfalls an der richtigen Adresse. *Mo–Fr 11–19, Sa 11–16 Uhr | Invaliden-*

CLEVER!

> Versteigerungen

Auktionshäuser versteigern nicht nur Kunst oder Immobilien, sondern auch Fundsachen, zum Beispiel aus dem Fundus der BVG oder des Zentralen Fundbüros. Viermal im Jahr versammeln sich Hobbytrödler und Profihändler, um gefundene Mopeds, Kinderwagen, Koffer mit Inhalt, Fahrräder, Schmuck und Brillen zu ersteigern. Lukrativ sind auch die Versteigerungen der Stiftung Warentest. Viermal im Jahr können Sie bei Auktionen getestete Fahrräder, Uhren oder Bohrmaschinen zum Schnäppchenpreis ersteigern. *Zentrales Fundbüro* **[158 A4]**: *Platz der Luftbrücke 6 | Tel. 902 77 31 01 | U 6 Platz der Luftbrücke | Tempelhof; BVG-Fundbüro* **[157 D3]**: *Potsdamer Str. 180–182 | Tel. 194 49 | U 7 Kleistpark | Schöneberg; Stiftung Warentest* **[156 C5]**: *Werdauer Weg 23 (Goindustry Auction Center) | Tel. 263 10 | www.test.de/unternehmen/versteigerungen | S 1, 41, 42, 46 Schöneberg | Schöneberg* str. 152 | Tel. 22 68 90 77 | www.la-bond-berlin.de | S 1, 2, 25 Nordbahnhof | Mitte

PECCATO [152 C2]

Erstaunlich günstig können Sie sich hier mit Strickpullovern, Jacken und Accessoires (ab ca. 20 Euro) in einem im klassisch-englischen Stil eingerichteten Ladenlokal eindecken. Frauen, die Wert auf dezente Mode legen, kleiden sich bei Peccato von der Unterwäsche bis zum Schuh komplett ein und werden dabei fachkundig beraten. *Mo–Fr 12–20, Sa 11–18.30 Uhr | Wühlischstr. 40/41 | Tel. 20 07 88 96 | www.peccato.de | U 5 Samariterstraße, Warschauer Straße | Friedrichshain*

WHO KILLED BAMBI? [150 B2]

Mode für wilde Hilden mit Hang zu schrillen Tops, T-Shirts und Kleidern. Kunstlederjacken und Röhrenjeans vervollständigen das Rockerdasein in der City. Dazu gibt es viele Accessoires, und fast alles kostet weniger als 50 Euro. *Mo–Do 11–20, Fr, Sa 11–21 Uhr | Litfaßplatz 2 | Tel. 48 49 45 74 | www.whokilledbambi.org | U-/S-Bahn Hackescher Markt | Mitte*

OUTLET & FABRIKVERKAUF ■

BECON BERLIN [0]

Anzüge direkt vom Hersteller werden im Fabrikverkauf der Firma Becon an den Mann gebracht. Außerdem gibt's das passende Drumherum, wie Mäntel, Pullover und Accessoires im klassisch-eleganten Stil. Auch für Frauen wird Businessmode angeboten. Sie sparen beim Einkauf 30 bis 70 Prozent des normalen Ladenpreises. Ein Becon-Laden, u.a. mit Sonderangeboten und Anzugverleih, befindet sich am Prenzlauer Berg in der Landsberger Allee 131. *Sa 11–19 Uhr | Eldenaer Str. 35 | Tel. 293 45 20 | U Storkower Straße | Friedrichshain*

Insider Tipp

EVELIN BRANDT [152 C1]

Hübsche Kleider der letzten Saison finden Frauen im Outlet-Shop der Berliner Modedesignerin Evelin Brandt. Schnitte, die ein bisschen der Mode der 1950er-Jahre ähneln, kombiniert mit dezenten Farben und qualitativ hochwertigem Material finden besonders Frauen jenseits der 35 klasse. Bis zu 50 Prozent Rabatt! *Mo–Fr 10–19, Sa 10–18 Uhr | Frankfurter Allee 89 | Tel. 42 01 19 79 | www.evelin-brandt.de | U 5 Samariterstraße | Friedrichshain*

KPM WERKSVERKAUF [137 D1]

Edle Teller und Tassen zum Top-Preis gibt es in bester Citylage in der Nähe des Tiergartens. Die kunstvoll bemalten Stücke der Berliner Königlich Preußischen Porzellanmanufaktur können Sie, wenn Sie kleine Schönheitsfehler nicht stören, mit bis zu 20 Prozent Rabatt einkaufen. Außerdem werden in dem Traditionsunternehmen Restposten zu Schnäppchenpreisen angeboten. *Mo–Sa 10–18 Uhr | Wegelystr. 1 | Tel. 39 00 92 15 | www.kpm-berlin.com | S 3, 5, 7, 75 Tiergarten | Tiergarten*

MARC CAIN SECOND SEASON [0]

Fabriketage mit großer Auswahl an Designermode aus dem vergangenen Jahr. Frauen ab 30 mit Sinn für schlichte, tragbare Businessmode fühlen sich wohl in Kostümen, Hosen und Accessoires des internationalen Modekonzerns. Und dass die Kollektionen aus der letzten Saison stammen, tut ihrer Beliebtheit keinen Abbruch. Sie sparen bis zu 40 Prozent des vorher üblichen Ladenverkaufspreises. *Mo–Fr 10–20, Sa 10–18 Uhr | Oudenarder Str. 16 | Tel. 455 00 90 | www.marccain.de | U 9 Nauener Platz | Wedding*

MARC O'POLO [146 C3]

Von außen wirkt dieser Outlet wie ein ganz normaler Laden, drinnen lassen die Preise Schnäppchenjägers Herz höher schlagen. In Designerregalen stapelt sich Ware der vergangenen Saison sowie sonstige Angebote der Modemarke. Männer- und Frauenbekleidung, Accessoires und Schuhe sind hier bis zu 50 Prozent günstiger als im regulären Verkauf. *Mo–Fr 10–19, Sa 10–18 Uhr | Kaiserdamm 7 | Tel. 325 61 60 | U 2 Sophie-Charlotte-Platz | Charlottenburg*

TRIPPEN OUTLET [159 F1]

Schnäppchen to go: Für die Schuhe des Berliner Kultschuhlabels zahlen Sie hier teilweise nur noch die Hälfte. Der Charme einer Fabrikhalle und die etwas ramponierten Schuhkartons werden durch die gute Qualität der B-Ware wettgemacht. Solide und international gefragte Schuhmode aus Holz und Leder, handgefertigt in Zehdenick bei Berlin. *Mo–Sa 10–18 Uhr | Köpenicker Str. 187–188 | Tel. 280 75 17 | U 1 Schlesisches Tor | Kreuzberg*

ZALANDO OUTLET [151 E4]

Das Online-Shopping-Portal hat in Berlin ein echtes Schnäppchenparadies eröffnet. Wer stöbern will in der Gewerbeetage, muss sich zuvor allerdings online registrieren und dann den zugeschickten Ausweis vorzeigen. Zwei Begleitpersonen dürfen allerdings auch ohne Outlet-Card mit rein. *Mo–Sa 11–20 Uhr | Köpenicker Str. 20 | Tel. 0800 990 03 33 | Bus 147 Bethaniendamm | Kreuzberg*

und Schlüpfstiefel in vielen Farben gibt es für unter 80 Euro. Witzige Accessoires, wie Gürtel in Schlangenlederoptik und Schmuck, sowie eine große Auswahl an Buttons machen den Laden vor allem für jüngere Kunden spannend. *Mo–Fr 12–20, Sa 12–18 Uhr | Kopernikusstr. 9 | Tel. 67 46 90 98 | S-/U-Bahn Warschauer Straße | Friedrichshain*

SCHUHE

FUMANSCHUH [152 B2]

In diesem kleinen, preiswerten Szeneladen tritt sich die Kundschaft zuweilen fast auf die Füße, denn Pumps

JÜNEMANNS PANTOFFELECK [144 C5] Insider Tipp

Ein wahres Hausschuhparadies! Niedertreter (ab 21 Euro) aus Thüringer Filz mit Bommeln, in Kamelhaaroptik oder gediegen grau stapeln sich in

CLEVER!

> *Jeans und Bücher für lau im Umsonstladen*

Bücher, Kleidung oder CDs müssen nichts kosten, jedenfalls nicht, wenn man über die Schwelle des Umsonst- und Schenkladens Systemfehler tritt (**[152 C2]**, *Mo Di, Do, Fr 16–19 Uhr | Jessnerstr. 41 | Tel. 98 32 37 36 | www.systemfehler-berlin. org | S Ostkreuz | Friedrichshain*). Dort gibt es alles, was andere nicht mehr brauchen, zum Teil neuwertig, auf jeden Fall aber in einem ordentlichen Zustand. Die Idee des Ladens ist einfach: Viele

Leute haben etwa einen gut erhaltenen Autokindersitz, ein doppeltes Skatspiel oder schicke, aber leider zu enge Schuhe zu Hause und wissen nicht wohin damit. Andere wiederum suchen genau diese Dinge. Sie haben nichts zu verschenken? Kein Problem: Man darf sich auch etwas aussuchen und mitnehmen, wenn man nichts vorbeibringt. Geld spielt hier keine Rolle. Spenden und Patenschaften für das Projekt sind gern gesehen.

dieser kleinen Ladenwerkstatt bis unter die Decke. Die preiswerten Pantoffeln (ab 16 Euro) des über 100 Jahre alten Familienbetriebs sind längst Kult und werden via Internetshop sogar von australischen Kunden bestellt. Übergrößen? Kein Problem. *Mo–Fr 9–18 Uhr | Torstr. 39 | Tel. 442 53 37 | www.pantoffeleck.de | U 2 Rosa-Luxemburg-Platz | Mitte*

LUCCICO [158 A3]

Schnäppchen und Sonderangebote gehören zum Standardprogramm dieses Schuhgeschäfts, gute Qualität ebenfalls. So sind bei Luccico schon mal edle italienische Lederstiefel von ehemals 150 auf 80 Euro heruntergesetzt. Klassische Formen, aber auch ausgefallene Modelle locken ein vielfältiges Publikum an. Weitere Fi-

Im Schuhkontor an der Schönhauser Allee finden Sie schöne Schuhe zum kleinen Preis

SHOPPEN

lialen befinden sich in der Weinmeisterstraße 12 (Mitte), Neue Schönhauser Straße 18 (Mitte) und Kopernikusstraße 18a (Friedrichshain). Im Outlet in der Oranienburger Straße 23, ebenfalls im Stadtteil Mitte, gibt es noch günstigere Modelle, allerdings bei teilweise minderwertiger Qualität. *Mo–Fr 12–20, Sa 11–20 Uhr | Bergmannstr. 8 | Tel. 691 32 57 | www.luccico.de | U 7 Gneisenaustraße | Kreuzberg*

RICCARDO CARTILLONE OUTLET [136 C3]

Designerschuhe (ab 40 Euro) aus der Vorjahreskollektion des Berliner Schuhhändlers Cartillone werden bis zu 50 Prozent reduziert verkauft. Die Stiefel, Pumps und Sandalen bestechen durch solides Leder und eine richtig gute Verarbeitung. Dafür nimmt man gern ein bisschen Discounteratmosphäre mit vielen Schuhkartons und fehlender Beratung in Kauf. Gegenüber am Savignyplatz 5 gibt es die aktuelle Schuhmode von Cartillone. *Mo–Sa 10–20 Uhr | Savignyplatz 4 | Tel. 31 50 33 27 | www.riccardocartillone.de | S-Bahn Savignyplatz | Charlottenburg*

SCHUHKONTOR KENDLER [145 D1]

Hier kaufen Sie Schuhe u. a. mit Rabatt. Wer zum zweiten Mal kommt, wird mit einem fünfprozentigen Preisnachlass belohnt. Kreatives Interieur in hellen Tönen, dazu elegante und sportive Schuhe von Tamaris, Caprice und kleinen spanischen und italienischen Firmen (ab 40 Euro). Mit Kinderschuhabteilung. *Mo–Fr 12–19, Sa 11–16 Uhr | Schönhauser Allee 70 | Tel. 40 57 48 41 | www.schuhkontor-kendler.de | U-/S-Bahn Schönhauser Allee | Prenzlauer Berg*

UGO TORRINI [150 D1–2]

Günstige Schuhe in bester Lage! Das Schuhgeschäft im Postfuhramt bietet Stiefel (u. a. Hausmarke Torrini) für unter 100 Euro und Pumps für 70 Euro. Dabei ist die Qualität gar nicht schlecht und der Service freundlich. *Stargarder Str. 9 | Tel. 40 57 44 24 | U-/S-Bahn Schönhauser Allee | Prenzlauer Berg*

SECONDHAND
COLOURS BERLIN [158 A3]

Eine ganze Fabriketage voller Kleidung! Auf 1000 m² wird Vintage- und Secondhandware angeboten.

Coole 1970er- und 80er-Jahre-Fummel, aber auch Trachtenmode aus Bayern, eignen sich für Mottopartys oder den Alltag im Berliner Clubgetümmel. Bezahlt wird nach Gewicht, 1 Kilo Klamotten kostet 17,99 Euro. Dienstags gibt es eine Happy Hour, zwischen 11 und 15 Uhr zahlen Sie 30 Prozent weniger! Eine Filiale namens Garage befindet sich in Schöneberg (Ahornstr. 2) *Mo–Fr 11–19, Sa 12–19 Uhr | Bergmannstr. 102 | Tel. 694 33 48 | www.kleidermarkt. de | U 6, 7 Mehringdamm | Kreuzberg*

HUMANA AM FRANKFURTER TOR [152 B1]

Das größte Kaufhaus für Secondhandmode und -accessoires in Berlin bietet auf vier Etagen alles, was das Herz begehrt – vom warmen Pelzmantel bis zum Babystrampler kann man vieles günstig einkaufen. Ob einfach oder elegant, Vintage oder so gut wie neu, die Auswahl ist riesig. Treppenlaufen ist allerdings Pflicht, da es keinen Fahrstuhl gibt. *Mo–Sa 10–20 Uhr | Frankfurter Tor 3 | Tel. 28 47 63 82 | www.humana.de | U 5 Frankfurter Tor | Friedrichshain*

MADE IN BERLIN   [150 A1]

Coole Vintage-Fashion aus den Jahren 1960 bis 1990 auf drei Etagen. Nicht alles ist günstig, aber mittwochs von 12 bis 15 Uhr gibt es 20 Prozent Rabatt. *Mo–Sa 12–20 Uhr | Friedrichstr. 114 | Tel. 24 04 89 00 | www.kleidermarkt.de | U 6 Oranienburger Tor | Mitte*

PONY HÜTCHEN   [159 E1]

Ein liebevoll eingerichtetes Lädchen bis unter die Decke gefüllt mit Secondhandmode, -möbeln und -küchengeräten. Hier kann man auf Zeitreise gehen und die guten alten Dinge von früher nicht nur bewundern, sondern direkt erstehen. Aber auch das stylische Kleid aus den 1980er-Jahren will anprobiert werden. *Mo–Do 15–20, Fr, Sa 13–20 Uhr | Pücklerstr. 33 | Tel. 69 81 86 79 | www.pretty-stuff.de | U 1 Görlitzer Bahnhof | Kreuzberg*

SPORT

LUNGE DER LAUFLADEN   [139 F2]

Jogging-Gold für kleines Geld. Ein absolutes Muss für Marathonläufer und alle, die es mal werden wollen: Im Laufladen Lunge gibt es auf einer riiiesigen Verkaufsfläche (850 m^2!) alles, was das muskulöse Sportlerherz (und Schnäppchenhirn) begehrt. Machen Sie auch gratis eine außergewöhnliche Laufschuhberatung mithilfe von Videoanalysen in den so genannten „Analyse-Räumen". Auf der Indoor-Laufbahn (!) können die Schuhe dann anschließend getestet werden. *Mo–Fr 10.30–19, Sa 10–18 Uhr | Bismarckstr. 101 | Tel. 91 55 59 59 | www.lunge.de | U 2 Deutsche Oper | Charlottenburg*

UKO FASHION   [159 E1]   *Insider Tipp*

Mit Jack-Wolfskin-Jacke und Ugg Boots kann man es lange vor Szene-Clubs (siehe Kater Blau oder Sisyphos) aushalten, man bleibt zwar warm, aber rein kommt man nicht. Wer sicher beim Türsteher punkten will, der geht vorher zu UKO Fashion. Hier gibt's das richtige Teil für kleines Geld. Vorher in Hipster-Cafés optisch inspirieren lassen und auf die Verkäuferinnen im puristisch gehaltenen Laden hören – die sind echte Berliner Originale und geben zumindest ehrliche Tipps. *Mo–Fr 11–20, Sa 11–16 Uhr | Oranienstr. 201 | Tel. 693 81 16 | www.uko-fashion.de/ U 1 Görlitzer Bahnhof | Kreuzberg*

ARIANE [147 E5]

Sie träumen von einem Versace-Kostüm, wollen aber keine 1000 Euro dafür ausgeben? Bei Ariane, dem Edel-Secondhandshop, bekommen Sie, was in der Modewelt Rang und Namen hat. Ob Fendi, Chanel, Gucci oder Jil Sander – die Auswahl ist erlesen, und zum guten Ton des Geschäfts gehört auch eine umfassende Beratung. Zudem kann es die Fantasie beflügeln, darüber nachzudenken, welcher elegante Mensch wohl früher in dem neuen alten Fummel herumstolziert ist. *Mo–Fr 11–18.30, Sa 11–16 Uhr | Wielandstr. 37 | Tel. 881 74 36 | www.ariane-secondhand.de | S-Bahn Savignyplatz | Charlottenburg*

B5 DESIGNER-OUTLET [0]

Da schlägt das Fashionherz gleich höher: Bis zu 70 Prozent reduzierte Designerware bietet das Outlet-Center im Westen Berlins mit über 100 Marken. Schnäppchen von Esprit, Nike, Valentino und Co. helfen, ihren Geldbeutel spürbar zu entlasten. Meistens kauft man dann mehr ein, als geplant. *Mo–Do 10–19, Fr, Sa 10–20 Uhr | Alter Spandauer Weg 1 | Tel.* *033 234/90 40 | www.designeroutlet berlin.de | RE 2 bis Elstal, dann Bus 662 Richtung Wustermark, Haltestelle Outlet-Center | Wustermark*

DESIGNER-DEPOT [139 F1]

Highfashion zum Schnäppchenpreis: Boss, Calvin Klein, Kenzo oder Dolce & Gabbana sind nur einige von vielen Labels, die in dem kleinen Laden bis zu 50 Prozent günstiger gehandelt werden als normalerweise. Ein weiterer Pluspunkt: die sehr freundliche, persönliche Atmosphäre mit Beratung. *Mo–Sa 12– 20 Uhr | Rochstr. 2 | Tel. 28 04 67 00 | www.designer-depot.net | S-Bahn Hackescher Markt | Mitte*

MADONNA & ADON [147 E5]

Was die Managerin nicht mehr tragen mochte, hängt in dieser Luxus-Secondhandboutique genauso wie das Seidenhemd, dessen Besitzer darin einst in seiner Villa am Wannsee Gäste empfing. Jetzt warten die hochwertigen und eleganten Kleider von Chanel oder Anzüge von Armani auf ein neues Zuhause. Wie wäre es mit einem Hugo-Boss-Blazer für

LUXUS LOW BUDGET

100 Euro? *Mo–Fr 12–19, Sa 12–16 Uhr | Mommsenstr. 43 (Herren, Mi geschl.) u. 57 (Damen) | Tel. 30 83 13 79 u. 324 76 32 | www.madonna-adon.de | S-Bahn Savignyplatz | Charlottenburg*

NAH UND GUT   [0]
Sie möchten Ihr Picknick im Park (S. 65) mit etwas ganz Besonderem aufpeppen? Im Delikatessen-Discounter gibt es nicht nur die weltweit erste Dönerbratwurst, sondern auch spanischen Pata-Negra-Schinken (ca. 5 Euro/100 g) oder französischen Trüffelbrie (ca. 1,90 Euro/100 g) zum deutlich günstigeren Preis als im herkömmlichen Einzelhandel. Eine Filiale befindet sich in der Düsseldorfer Straße 40/Ecke Uhlandstraße (Wilmersdorf). *Mo–Fr 8–20, Sa 8–16 Uhr | Güntzelstr. 40 | Tel. 86 39 19 30 | www.essenwieimrestaurant.de | S 1 Zehlendorf | Zehlendorf*

SOMMERLADEN   [144 B5]
Von Armani-Lederjacken bis Versace-Blusen reicht die Auswahl an gebrauchten Designerklamotten und -schuhen zu reduzierten Preisen. Die ausgefallenen Kostüme und Kleider zeugen vom extravaganten Geschmack der Mitte-Bewohner, die hier ihre gut erhaltenen Outfits verkaufen. Auch Männer haben eine große Auswahl: Jacken, Mäntel und Jeans. Taschen und Schuhe von bekannten Marken geben den letzten Schliff. *Di–Fr 13–19, Sa 12–17 Uhr | Linienstr. 153 | Tel. 0177/299 17 89 | S-Bahn Oranienburger Straße | Mitte*

ZWEITES FENSTER   [146 C5]
Wenn es regnet, ist ein original Burberry-Mantel prima, zumal er nicht teuer sein muss. Schauen Sie mal bei Claudia Reißmann und ihrem Marken-Secondhandshop vorbei. Sie hat in ihrem Laden nicht nur eine gute Auswahl für jedes Wetter, sondern von Issey Miyake bis Windsor nur das Feinste, was der internationale Modemarkt zu bieten hat – zwar gebraucht, aber natürlich sehr gut erhalten. Auch Herren werden fündig. Die Besitzerin berät hier persönlich. *Mo–Fr 12–19, Sa 10–16 Uhr | Suarezstr. 59 | Tel. 31 80 34 40 | www.zweitesfenster-berlin.de | S-Bahn Charlottenburg | Charlottenburg*

> **Berlin ist die Partystadt Nummer eins weltweit, und das Beste daran: Auch mit wenig Geld kann man die Nacht zum Tag machen. Feiern Sie mit!**

Ausgehen, feiern und Spaß haben und dabei fast kein Geld ausgeben? Gewusst wo: In etlichen Berliner Clubs wie dem Pong-Club (S. 91) oder Konrad Tönz (S. 90) zahlen Sie z. B. keinen oder kleinen Eintritt. Und im Sommer locken sonntags Umsonst-Open-Air-Partys mit bekannten DJs im Mauerpark. Für den einen oder anderen Drink in einer kleinen, preisgünstigen Kneipe wie etwa dem Schmittz (S. 97) bleibt da auf jeden Fall etwas übrig. Auch wenn Sie Cocktails mögen, werden sie durch ein, zwei Drinks nicht arm. In vielen Bars, wie zum Beispiel im Schrader's (S. 98), gibt es eine Happy Hour, das heißt die Cocktails sind viel günstiger oder es wird ein spezielles Angebot offeriert. Wenn Sie den Eintritt in einen teuren Club mindern wollen, gehen Sie einfach früher hin. In einigen Locations, wie dem Sisyphos (S. 92), gilt dann: Einmal hin, das ganze Wochenende für einen einmalig gezahlten Eintrittspreis (10 Euro) feiern! Dass Sie dann auf Ihrem Berlintrip vielleicht nur einen einzigen Berliner Club gesehen haben, ist gerade beim Sisyphos schnuppe: Das beliebte Technoparadies hat alles, was eine großartige

NACHT LEBEN

Partynacht braucht: coole Leute, eine einzigartige Location und Beats, die unter die Haut gehen. Also auf ins Berliner Nachtleben!

BARS

CLASH   [158 A3]

Punk is not dead! Der grungige Punkrock-Schuppen in Kreuzberg lockt mit günstigem Bier (0,5 l ab 2,20 Euro) und Billard- und Kickertischen, an denen es sich ganz herrlich zocken lässt. Tischfußballmatches werden dabei von allerfeinsten Rocktiteln musikalisch untermalt. Im Sommer ist man im Biergarten und headbangt zu Livekonzerten, im Winter lässt man es besinnlicher angehen bei Bier – und Beatsteaks aus der Box. *Mo–Fr 12–4, Sa 19–4 Uhr,* *So geschl. | Gneisenaustr. 2A | Tel. 32 52 63 87 | www.clash-berlin.de | U 6, 7 Mehringdamm | Kreuzberg*

FITCHER'S VOGEL   [152 B2]

Insider Tipp

Schon zum Leutegucken sollte man herkommen, die super Drinks für wenig Bares (Bier ab 2,80 Euro/ 0,3 l) tun ihr Übriges. Einfach ordern und mit dem Bestellten ab in den Sessel. Das ganze Drumherum – Kerzen, Antik-Trödel-Möbel und Playlists mit Oldie-but-Goldie-Faktor – sorgt für super Retro-Stimmung. Livemusik (manchmal) und sympathische Bedienungen (immer). *Tgl. ab 18 Uhr | Warschauer Str. 26 | Tel. 0171/536 18 72 | www.fitchers vogel.com | U-/S-Bahn Warschauerstraße | Friedrichshain*

JATZBAR [143 E1]

Draußen ist es trist, drinnen umso anheimelnder. In der coolen Bar im Arbeiterkiez Wedding mit bequemen Sofas und günstigen Drinks kann man getrost einen ganzen Abend verbringen und auch mal den einen oder anderen Cocktail probieren (sonntags bis mittwochs nur 3,50 Euro!). Das Publikum ist eher jünger und kommt gerne aus dem benachbarten Prenzlauer Berg hierher wegen der Preise. Von Jazz bis Elektro wechselt die Musik täglich, jeder Abend ist einem anderen Genre gewidmet. Die Gäste dürfen sich überraschen lassen, da es keinen Plan gibt. *Tgl. 18–3 Uhr | Gottschedstr. 2a | Tel. 46 90 56 66 | www. jatz-bar.de | U 9 Nauener Platz | Wedding*

KLUNKERKRANICH [159 F5]

Die höchste Strandbar der City: Auf dem Parkdeck des Einkaufszentrums Neukölln Arcaden kommt mitten im Gemüsegarten Urlaubsstimmung auf. Im Sand auf Liegestühlen sitzend und Cocktails (Selbstbedienung) nippend genießen Sie Sonnenuntergänge und das Rauschen des Verkehrs zu Ihren

In der Jatzbar im Wedding gibt es Cocktails für nur 3,50 Euro

Füßen. Im Winter versteckt sich die Bar in einer kleinen Hütte. *Di–Do 18–1.30, Sa, So 12–1.30, im Sommer auch Fr 17–1.30 Uhr | Karl-Marx-Str. 66 | www.klunkerkranich.de | U 7 Rathaus Neukölln | Neukölln*

Insider Tipp

LERCHEN UND EULEN [151 E5]

Lerchen sind morgens aktiv und abends müde, Eulen kommen nur schwer aus den Federn, sind dafür nachts aktiv. Diese Wohnzimmerbar ist also ideales Ziel für jeden (Schlaf-) Typus. Nachmittags gibt's super Kuchen, abends gutes Bier (je ab 2 Euro). Die Clubnächte, die ab und zu ab 23:59 Uhr durch die Bar donnern, kosten nur 3 Euro Eintritt und heizen richtig ein. *Tgl. 15–6 Uhr | Pücklerstr. 33 | www.lerchenundeulen.de | U 1, 3 Görlitzer Straße | Kreuzberg*

MAMA BAR [159 E3]

Wenn man die Mama betritt, weiß man sofort, warum alle von Berlin als einer internationalen Metropole sprechen, als Heimat für Menschen aller Herren Länder. Ein Sprachsalat sondergleichen wirbelt einem um die Ohren, und dabei ist es gemütlich wie bei Mutti: Der Barname hält, was er verspricht! Weiche Sessel von anno dazumal, nette

Bedienung à la Studi-WG und leckeres tschechisches Bier zu moderaten Preisen (ab 3 Euro/0,5 l) verleihen der kreativ gestalteten Bar Stammkneipenpotenzial. *Tgl. 19–5 Uhr | Hobrechtstr. 61 | Tel. 01577/194 49 16 | U 8 Schönleinstraße | Neukölln*

Insider Tipp

MONKEY BAR [148 B5]

Unter einem die Affen des Zoos, in der Ferne der knallrote Sonnenuntergang, in der Hand der kühle Drink. Bombe! 🐷 Gratis-Sicht, faire Preise – die Monkey Bar ist ein Muss! Sehr gut sitzt man auf den Stufenreihen der stylishen Bar oder draußen auf der Dachterrasse: Also los, bestellen Sie einen selbst gemachten Eistee für nur 4 Euro oder ein Glas kühlen Riesling für 6 Euro und genießen den Abend. Täglich wechselnde DJ-Musik und leckeres Barfood (Falafel für 8 Euro). *Tgl. 12–2 Uhr | Budapester Str. 40 | Tel.120 22 12 10 | www.25hourshotels.com | U-/S-Bahn Zoologischer Garten | Charlottenburg*

MORITZ BAR [143 E1]

Sympathische Barkultur in der Nähe des Leopoldplatzes: Wo früher dubiose Geschäfte in einem Vereinslokal getätigt wurden, gehen jetzt Bier und

Cocktails für die junge Nachbarschaft über den Tresen. Die Einrichtung ist bunt zusammengewürfelt, die Preise bleiben günstig (Bier 3,20 Euro/0,5 l). Sonntags wird der „Tatort" gezeigt. *Di–Do, So 19–1, Fr, Sa 19–3 Uhr | Adolfstr. 17 | www. moritzbar.com | U 9 Leopoldplatz | Wedding*

RAUMFAHRER [159 E3]
Die Sterne sind nicht zum Greifen nah, dennoch hat die Bar ein bisschen Flair von einer Fahrt zum Mond in einer klapprigen Rakete. Hier kann man stundenlang Bier (ab 2,10 Euro) und Limo (1,80 Euro) trinken und die Welt da draußen vergessen. Der 1970er-Jahre-Bau passt gut zum jungen Szenepublikum, das auch von weiter her anreist, um hier in coolem Ambiente mit unverputzten Betonwänden und 🐷 Gratis-DJ-Sound günstig die ewige Nacht zu feiern. *Mo–Sa ab 19 Uhr | Hobrechtstr. 54 | Tel. 0179/201 16 36 | U 8 Schönleinstraße | Neukölln*

WEINE & GEFLÜGEL [143 D1]
Günstiger geht's kaum: Wernesgrüner vom Fass für 2,40 Euro (0,4 l) oder ein gutes Glas Wein für 3 Euro animieren zum Nachbestellen in dieser kunterbunt eingerichteten Bar. Chicken Wings sind das Hausgericht, ansonsten kommen Tortillachips und wechselnde Gerichte (4,50–6 Euro) auf den Tisch. Tipp: Das Kultbier Roter Oktober gibt's für 2,50 Euro (0,33 l). Zur Happy Wedding Hour *(23–0 Uhr)* kosten sämtliche Longdrinks und auch Cocktails nur 4,50 Euro. *Di–So ab 19 Uhr | Malplaquetstr. 43 | Tel. 53 09 23 22 | www.weineundgefluegel.de | U 6, 9 Leopoldplatz | Wedding*

YUMA BAR [159 E4]
Im Szenekiez Nord-Neukölln zeigt diese kleine Bar mit Cocktails für 5,50 Euro und günstigem Bier (0,3 l) für 2,20 Euro, dass Ausgehen mit Stil nicht teuer sein muss. 🐷 Lesungen, Origami-Workshops oder Ausstellungen werden zuweilen kostenlos geboten. Junges Publikum, keine Raucher. *Tgl. ab 19 Uhr | Weserstr. 14 | Tel. 60 94 13 68 | www.yuma-bar.de | U 7, 8 Hermannplatz | Neukölln*

CLUBS

ALTE KANTINE [145 D3]
Günstig essen und tanzen! Der sogenannte Hungry Monday mit DJs und

leckerem Büfett lockt ab 22 Uhr für nur 3 Euro Eintritt jede Menge junge Leute in die Kulturbrauerei. Tanzbare Musik von Pop bis Dance Classics und Elektro wird an allen Tagen der Woche gespielt. Regelmäßig samstags lesen Berliner Autoren aus ihren Werken vor. *Eintritt 3–5 Euro | Mi–Mo ab 22 Uhr, Lesungen ab 20 Uhr | Kulturbrauerei | Knaackstr. 97 | www.alte-kantine.de | U 2 Eberswalder Straße | Prenzlauer Berg*

CLÄRCHENS BALLHAUS [150 B1]

Eines der besten Tanzlokale der Stadt! Wer nichts gegen Pärchentanz hat und Deep Purple genauso gerne hört wie die Bee Gees, ist in diesem altehrwürdigen Ballsaal genau richtig. Von 20- bis 80-Jährigen ist alles vertreten, der 🐷 Eintritt ist unter der Woche frei und kostet freitags und samstags nur 5 Euro. Getränkepreise: Bier ca. 2,80 Euro/0,3 l. *Eintritt 0– 5 Euro | tgl. ab 11 Uhr, Mo ab 21.30 Uhr Salsa, Di ab 21 Uhr Tango, Mi ab 21 Uhr Swing, Do ab 20 Uhr ChaCha & Walzer, Fr, Sa ab 20 Uhr Disko mit DJ Clärchen, So 15 Uhr Tanztee | Auguststr. 24 | Tel. 282 92 95 | www.ballhaus.de | S 1, 2, 25 Oranienburger Straße | Mitte*

DUNCKER [145 E2]

Im Ex-DDR-Club feiert ein eher jüngeres Publikum die Nacht: Donnerstags ist der 🐷 Eintritt frei zu Konzerten, freitags und samstags legen Indie- und Alternativ-DJs auf. Montags kommen Gothic-Fans auf ihre Kosten. Jeden zweiten Monat findet am ersten Sonntag ein Gothic-Markt statt. *Eintritt 0–3 Euro | Mo ab 21, Mi–So ab 22 Uhr | Dunckerstr. 64 | Tel. 445 95 09 | www.dunckerclub.de | S 41, 42 Prenzlauer Allee | Prenzlauer Berg*

KAFFEE BURGER [144 C5]

Zu DDR-Zeiten wurde hier von Damenkränzchen Torte gespachtelt und Cognac in den Kaffee gekippt, heute geht für wenig Eintritt die Post ab bei Ska-, Elektro- und Trashpop. Dann fließt das Bier (2 Euro/0,3 l) und die Stimmung steigt mit dem Promillepegel der eher jüngeren Gäste. Unter der Woche finden auch Lesungen statt in dem gemütlichen Lokal mit Omas Tapeten und Möbeln. Nebenan befindet sich die Burgerbar für stillere Momente und gepflegte Cocktails. *Eintritt 1–5 Euro | Mo–Sa ab 21, So ab 19 Uhr | Torstr. 60 | Tel. 28 04 64 95 | www.kaffeeburger.de | U 2 Rosa-Luxemburg-Platz | Mitte*

Insider Tipp

KATER BLAU [151 E3]

Auf dem crazy-kreativen Holzmarktgelände in Friedrichshain direkt an der Spree wummern bei Nacht die Bässe. Zwar ist der Eintritt nicht besonders günstig (12 Euro), dafür macht man hier eine Feiererfahrung der ganz besonderen Art, die man so schnell nicht vergisst. Unter verspulten Lichtinstallationen windet sich hier zum pulsierenden elektronischen Rhythmus alles, was Berlin an Hipstercoolness zu bieten hat. *Eintritt 12 Euro | Freitag ab Mitternacht bis Samstagnachmittag, ab Samstagnacht bis Montagabend | Holzmarktstr. 25 | www.katerblau.de | S Ostbahnhof | Friedrichshain*

KONRAD TÖNZ [152 A4]

Klassiker im Kreuzberger Wrangelkiez, der als eine Art Partykeller für noch nicht ganz Erwachsene fungiert. Das Interieur mit Plastikssesseln, Diskokugeln und Fototapete ist so schräg wie die Musik, die aus den Boxen schallt: 1950er- bis 1970er-Jahre-Twist, Soul oder Beat. Bei der Veranstaltung „Olle Kamellen für Jung und Alt" werden zudem auch

CLEVER!

> *Mit einer Vernissage den Abend beginnen*

Sie interessieren sich für Kunst und gehen gerne aus? Dann sollten Sie unbedingt freitags ins Galerienviertel zwischen Hackescher Markt und Oranienburger Tor eintauchen. Dort werden wöchentlich neue Ausstellungen eröffnet, und dabei fließt der Wein sehr günstig in die Gläser. Auch wer nicht eingeladen ist, wird bedient. Meist kostet das Glas Wein oder die Flasche Bier nicht mehr als 1 bis 2 Euro, mitunter sind Getränke und Häppchen sogar umsonst! Wo wann welche Ausstellungseröffnung gefeiert wird, können Sie entweder in den Stadtmagazinen Tip *(www.tip-berlin.de)* und Zitty *(www.zitty.de)* nachlesen oder auf der Internetseite *www.art-in-berlin.de.* Um 19 Uhr geht es in der Regel los, und wer zeitig kommt, hat noch die Gelegenheit, die ausgestellten Werke zu bewundern, bevor es zu voll wird und man vor lauter Köpfen kein Bild mehr an der Wand erkennen kann.

Schlager gespielt. Der Namensgeber Konrad Tönz war übrigens mal Moderator der Fernsehsendung „Aktenzeichen XY … ungelöst". Bier zu 2,50 Euro. *Eintritt frei | Do–So ab 20.15 Uhr | Falckensteinstr. 30 | Tel. 612 32 52 | www.konradtoenzbar.de | U 1 Görlitzer Bahnhof | Kreuzberg*

L.U.X [152 A3]

In der ehemaligen Spiralfederfabrik wird gefeiert, dass sich die Balken biegen. Live-Konzerte, Electroclash, Funk und Reggae sorgen für die nötige Lautuntermalung. Wer vom Tanzen genug hat, kann sich in den Sitzecken niederlassen und die Szene beobachten, die eher unter 30 Jahre alt ist und Bier für ca. 2,50 Euro (0,3 l) trinkt. *Eintritt ab 4 Euro | Mi, Do 21–3, Fr, Sa 22–6 Uhr | Schlesische Str. 41 | www.lux-berlin.net | U 1 Schlesisches Tor | Kreuzberg*

MONARCH [159 D1]

Eine unscheinbare Stahltür ohne Namen führt zu einem der beliebtesten Clubs Kreuzbergs im ersten Stock eines Betonklotzes am Kottbusser Tor. Der Eintritt kostet nur 1 Euro, das Hefeweizen wird für 3,50 Euro über die Theke gereicht. Gegen drei Uhr nachts reicht die Schlange bis zur Straße, weshalb Erstbesucher den Club wenigstens gleich finden. Die wild gemischte Einrichtung ist charmant und gemütlich. *Eintritt 1 Euro | Di–Sa ab 21 Uhr | Skalitzer Str. 134 | www.kottimonarch.de | U 1, 8 Kottbusser Tor | Kreuzberg*

NBI [144 B3]

Viele Nachtschwärmer, die in dem kleinen Barclub tanzen oder Cocktails (6 Euro) trinken, lieben Karaoke. Bei astreinen Preisen, das Berliner Pilsener oder Afri Cola (0,3 l) für 2,50 Euro und einem geringen Eintritt wird es unter der Diskokugel schnell voll. Das liegt vor allem an der überschaubaren Tanzfläche. *Eintritt 0–5 Euro | keine regelmäßigen Öffnungszeiten | Zionskirchstr. 5 | Tel. 0152/22 83 06 36 | www.neueberlinerinitiative.de | U 8 Bernauer Straße | Mitte*

PONG-CLUB [144 C2]

Mitten in der Nacht dem Ball nachjagen? Kein Problem. Während DJs auflegen, wird der Abend in dem durch grelles Licht ziemlich kühl wirkenden Club nicht mit Tanzen, sondern mit Tischtennis verkürzt. Dabei können Twens und Berufsjugendliche

ganz nebenbei ihre Armmuskeln spielen lassen und beweisen, dass auch nach dem vierten Bier noch so einiges möglich ist. Kurz vor Mitternacht wird's am Wochenende voll. Bier 2,20 Euro. *Eintritt 1 Euro für den DJ beim ersten Getränkekauf | Mo–Sa ab 20, So im Sommer ab 19, im Winter ab 18 Uhr | Eberswalder Str. 21 | www. drpong.net | U 2 Eberswalder Straße | Prenzlauer Berg*

SCHOKOLADEN [144 B4]

Wacker kämpfen die Betreiber dieses punklastigen Kulturclubs seit Jahren gegen ihre Vertreibung und verwöhnen ihre Gäste mit Astra (0,3 l) für 2,20 Euro und günstigen Kurzen, etwa Tequila randvoll für 2,50 Euro. Temperamentvolle Konzerte mit ohrenbetäubenden E-Gitarren-Soli aufstrebender Nachwuchsbands kosten nur 3–5 Euro. Partystimmung herrscht an fast jedem Tag in der Woche, außer dienstags: Da lesen die Autoren des Schriftstellerkollektivs LSD (Liebe statt Drogen) ab 20.30 Uhr ihre Texte vor, Eintritt 4 Euro. *Eintritt 0–5 Euro | tgl. ab 19 Uhr | Ackerstr. 169 | Tel. 282 65 27 | www.schokoladen-mitte.de | U 8 Rosenthaler Platz | Mitte*

SISYPHOS [153 E4]

Insid Tip

Barfuß im Sand zwischen den Ruinen einer alten Hundekuchenfabrik tanzen unter dem Sternenhimmel, im Ohr nur der feinste Elektro – mehr Berliner Nachtleben geht nicht. Der raue Schuppen, der in lauen Sommernächten seinen ganzen Charme entfaltet, ist klar der heißeste Club der Stadt. Für einmalig nur 10 Euro kann man hier das ganze Wochenende feiern. Kleiner Rat: erst hierhin: https://de-de.facebook.com/berlinisttechno/posts/855150141272313 und dann ins UKO Fashion (S. 81). *März–Okt. Fr–So durchgehend | Hauptstr. 15 | www.sisyphos-berlin. net | S 3 Betriebsbahnhof Rummelsburg | Lichtenberg*

SUPAMOLLY [152 C2]

Insid Tip

Alternative Talentbude für die Musikstars von morgen: Bands und Sänger verschiedener Genres spielen hier vor jungem Publikum, das sich nicht nur zum Musik hören hier trifft, sondern auch zum Plaudern in Sesseln und Sofas fläzt und an der Bar Berliner Pilsener zum günstigen Preis (ca. 2,50 Euro) ordert. Nach dem Kulturgenuss geht die Party weiter auf der kleinen Tanzfläche,

Bild: Im Schokoladen feiern Alt und Jung zusammen

meist bis in die Morgenstunden des nächsten Tages. *Eintritt 0–5 Euro | Di–Sa ab 20, So ab 15.30 Uhr Kaffee & Kuchen (Nichtraucher) | Jessnerstr. 47 | Tel. 29 00 72 94 | www.supamolly.de | U-/S-Bahn Frankfurter Allee | Friedrichshain*

KNEIPEN

ANNA KOSCHKE [150 B1]

Wenn draußen der Wind um die Häuser pfeift, sitzen die Gäste gemütlich bei Kerzenschein an Holztischen und wärmen sich an heißem Orangensaft (2 Euro) oder trinken Berliner Pilsener (0,3 l 2,20 Euro). Dazu werden von der freundlichen Bedienung Buletten mit Kartoffelsalat gereicht oder Knacker mit Senf (ca. 3 Euro). Wer niemanden zum Reden hat, kann sich durch die ausliegenden Zeitschriften arbeiten. Im Sommer gibt es eine idyllische Terrasse hinter dem Haus. *Tgl. ab 17 Uhr | Krausnickstr. 11 | Tel. 283 55 38 | www.anna-koschke.de | S 3, 5, 7, 75 Hackescher Markt | Mitte*

AUGUST FENGLER [145 D2]

Die Nachbarschaft feiert hier Geburtstage mit Kicker oder Tischtennis (nur sonntags) im Keller, Geburtstagskinder oder frische Diplomanden an der Theke. Jeder Tag ist einer anderen Musikrichtung gewidmet (Programm siehe Internet), Latin bis New Wave, alles dabei. Ab 22 Uhr legen DJs auf, und auf der kleinen Tanzfläche geht es zu später Stunde rund. Typische Kiezkneipe mit Berliner Pilsener für 2,50 Euro (0,3 l) und Cocktails ab 5 Euro. *Tgl. ab 19 Uhr | Lychener Str. 11 | www.augustfengler.de | M 10 Husemannstraße | Prenzlauer Berg*

BAIZ [144 C4]

Lieblingsort der Gäste ist der Kickerraum, ansonsten diskutiert vor allem studentisches Publikum an der Bar über die letzte Hausbesetzung oder deren Räumung. Äußerst fair: Der halbe Liter Berliner Pilsener kostet nur 2,20 Euro! Und ein Espresso geht für 1 Euro über den Tresen. Abends sehr voll und sehr verraucht. *Tgl. ab 16 Uhr | Schönhauser Allee 26 A | kein Tel. | www.baiz.info | U 2 Rosa-Luxemburg-Platz | Mitte*

BORNHOLMER HÜTTE [0] Insider Tip

In dieser über 100 Jahre alten Traditionskneipe mit wunderschönem Holztresen werden Sie für wenig Geld bestens versorgt mit hausgemachten Buletten (1,60 Euro) und

Bier (0,4 l) für nur 2,20 Euro. Im Keller beeindruckt eine 105 Jahre alte Kegelbahn (15 Euro/Std.) mit Handbetrieb – die Kegel müssen selbst wieder aufgestellt werden. *Mo–Fr ab 16, Sa, So ab 15 Uhr | Bornholmer Str. 89 | Tel. 445 52 69 | U-/S-Bahn Schönhauser Allee | Prenzlauer Berg*

ESCHENBRÄU [143 D2]

Bestes hausgebrautes Bier ab 2,30 Euro (0,3 l) lohnt einen Ausflug nach Wedding. Je nach Saison gibt es verschiedene Dunkel- und Hellbiere, allesamt erstklassig. Wer kein Bier mag: Cocktails kosten 5 Euro, eine Tasse Kaffee 1,90 Euro! Gemütlich zwischen den Braukesseln sitzen, im Sommer lockt der Biergarten. Schont das Portemonnaie: Picknickkörbe dürfen in Garten und Keller ausgepackt werden. *Tgl. ab 17 Uhr | Triftstr. 67 | Tel. 462 68 37 | www.eschenbraeu.de | U 6, 9 Leopoldplatz | Wedding*

FINCAN [0]

Die am Wochenende stattfindenden Konzerte, Filmabende und Jam-Sessions (montags) kosten keinen Eintritt, sondern Austritt! Zwischen 3 und 8 Euro kann jeder spenden, so viel er will. Ein günstiges Bier trinken (Pils 0,5 l 3 Euro) ist da locker noch drin. Gemütliche Wohnzimmeratmosphäre. Nachmittags gibt es regelmäßig Kinderprogramm und am frühen Abend sogar offene Kurse: Yoga, Pilates, Theater und Meditation *(5–8 Euro, Fr, Sa 19–23 Uhr, Termine siehe Internet). Mi–Mo 19–23 Uhr | Altenbraker Str. 26 | www.fincan.eu | U-/S-Bahn Hermannstraße | Neukölln*

DAS GIFT [159 F4]

Sympathische Eckkneipe mit Mobiliar aus den 1980er-Jahren, die mit schottischem Essen (die Besitzer kommen von dort) und günstigem Bier (ab 2,50 Euro) punktet. Manchmal findet ein Pubquiz statt, und auch Musiker treten ab und zu auf. Alles im eher familiären Rahmen mit Stammkundschaft aus der studentischen Nachbarschaft. Essen (4–10 Euro) gibt's bis 22 Uhr. Mit Galerie und wechselnden Ausstellungen. *Tgl. ab 17 Uhr | Donaustr. 119 | U 7, 8 Hermannplatz | Neukölln*

GOLDESEL [146 C3]

Stullen, Bier und Rock'n'Roll ist die Devise in dieser freundlichen Kneipe mit Sofa und Bistromobiliar ganz in

der Nähe vom Schloss Charlottenburg (S. 17). Das Brot für die leckeren Stullen (1,50–4 Euro) stammt von einer Bio-Bäckerei. Dazu eines von 18 (!) verschiedenen Flaschenbiersorten (ab 2,50 Euro), und der Abend kann beginnen. Im Sommer locken Bierbänke und Tische nach draußen. *Mo–Sa ab 16 Uhr | Seelingstr. 7 | Tel. 82 07 71 58 | www.goldesel-berlin.de | S 41, 42 Westend | Charlottenburg*

INTIMES [152 C2]

Das Kino (günstiger Eintritt!) im selben Haus sorgt für ständigen Kundenstrom. Bier (ca. 2,30 Euro) und Wein (ab 3,50 Euro) fließen abends in rauen Mengen, dazu werden kleine Snacks (ab 2 Euro) gereicht. Mittags wechselndes Essen (3,50–10 Euro). Für Menschen mit wenig Geld ein Hort der Gastlichkeit, wenngleich auch ein bisschen abgeschabt. *Tgl. ab 10 Uhr | Boxhagener Str. 107 | Tel. 29 66 64 57 | U 5 Frankfurter Tor | Friedrichshain*

KASTANIE [146 C2]

Boulespieler treffen sich hier regelmäßig nach einer Runde auf dem Mittelstreifen vor dem schönen Biergarten. Zum frisch gezapften Bier (ca.

2,80 Euro/0,3 l) gibt es ein halbes belegtes Brötchen schon für 1,50 Euro, und auch Pellkartoffeln mit Quark und Leinöl für 4,80 Euro machen prima satt. Drinnen sorgen die gediegenen Kneipenmöbel und Kerzen für lauschige Stimmung. *Tgl. ab 10 Uhr | Schloßstr. 22 | Tel. 321 50 34 | www.kastanie-berlin.de | U 2 Sophie-Charlotte-Straße | Charlottenburg*

MAJOR GRUBERT [159 E3]

Französische Lebensart in Neukölln: Hier kehren die Gäste nicht nur auf ein Bier ein, sondern auch wegen der günstigen und leckeren französischen Snacks wie Crêpes, Galettes, Pot au Feu, Quiches, Suppen oder Salate, die bis 23 Uhr serviert werden. Satt werden für weniger als 10 Euro ist kein Problem. Das Publikum ist international, viele Studenten, denen der Retro-Schick gefällt. *Di–So ab 16 Uhr | Hobrechtstr. 57/Ecke Pflügerstr. | Tel. 0163/132 60 17 | U 8 Schönleinstraße | Neukölln*

MÖBEL OLFE [159 D1]

An einem der hässlichsten Orte der Stadt, dem Kottbusser Tor, geht es zu fortgeschrittener Stunde hoch her. Je später der Abend, desto mehr preiswertes Bier (0,3 l für 2,80 Euro) und Tequila (2 Euro) strömt in die durstigen Kehlen der Kotti-Anwohner. Am Wochenende legen DJs auf. Ab und zu lesen Berliner Autoren aus ihren düsteren Werken vor. Besonders Schwule und Lesben besuchen das Olfe gerne. *Di–So ab 18 Uhr | Dresdener Str. 177 | Tel. 23 27 46 90 | www.moebel-olfe.de | U 1, 8 Kottbusser Tor | Kreuzberg*

NOVA [159 D3]

Viele Stammgäste gehen auf ein Bierchen hierher, der Rauch hängt in

dichten Schwaden über dem Tresen, gerne wird auch ein Schnäpschen gekippt. Wer Geld sparen will, orientiert sich an den Thementagen: Freitags kosten Cocktails nur 4 Euro und montags ist samstags gibt es täglich einen anderen Schnaps (je 1,60 Euro). Am Sonntag ist Frankentag. Alles, was aus Franken kommt, wird günstiger über den Tresen gereicht. Im Sommer sitzt man lauschig unter Bäumen. *Tgl. ab 12 Uhr | Fichtestr. 33 | www.facebook.com/dienovabar | U 7 Südstern | Kreuzberg*

CLEVER!
> Alternativer Pub Crawl

Kleine Gruppen (nicht mehr als zehn Pers.), keine Abzockbars: Diese Tour führt für schlappe 12 Euro zu wirklich netten Locations, und das jeden Tag ab 21 Uhr. Viereinhalb Stunden geht es zu Fuß von Bar zu Club zu Bar etc. Sechs Shots und Clubeintritte sind im Preis inbegriffen. *Treffpunkt tgl. 21 Uhr in der Old CCCP Bar | Torstr. 58 | info@ alternativeberlin.com | U 2 Rosa-Luxemburg-Platz | Prenzlauer Berg.*

SCHMITTZ [144 C5]

Sportlich kneipieren: Eine Tischtennisplatte bittet zum Match. Wenn es voll ist, spielen die Gäste auch mal zu zehnt – in der linken Hand ein Beck's (2,30 Euro), in der rechten die Tischtenniskelle, die man sich gegen ein Pfand am Tresen ausleiht. Sportverächter nippen derweil Cocktails (ab 4,50 Euro) oder knobeln beim Kneipenquiz, das einmal im Monat stattfindet. Am Wochenende treffen sich hier Fußballfans zu Bundesligaübertragungen. *Tgl. ab 18 Uhr | Gormannstr. 19 | Tel. 28 87 91 34 | www.schmittz.de | U 2 Rosa-Luxemburg-Platz | Mitte*

SCHRADERS [143 D1]

Was wäre der Wedding ohne dieses mit marokkanischen Tischen und Plüschsofas bestückte Kleinod? Hier sitzt es sich bequem, und die internationale, preiswerte Speisekarte (Frühstücksbüfett Sa 10–15 Uhr, 9,90 Euro, Babys und Kinder im Kinderstuhl frei, Kinder mit Sitzplatz bis 9 Jahre 6 Euro) beseitigt auch lautes Magenknurren aufs Angenehmste. Cocktails ab 5,90, zur Happy Hour *(Mo–Sa 18–20 Uhr)* nur 4,60 Euro. *Tgl. ab 10 Uhr | Malplaquetstr. 16b | Tel. 45 08 26 63 | www.schraders-berlin.de | U 6, 9 Leopoldplatz | Wedding*

Im W. Prassnik geht auch selbst gebrautes Bier günstig über den Tresen

SCHWARZE PUMPE [152 C2]

Maschinen und Rohre aus dem Arbeitsleben im Bergwerk wurden zu Kneipenmobiliar umfunktioniert. Bohemiens aus der Nachbarschaft, die sich den Cocktailbars der Gegend verweigern und hier bei einem oder zwei Glas Bier (3,50 Euro/0,5 l) das wahre Leben suchen, werden es zwar nicht finden. Doch der Weg ins Bergwerk führte auch im Ruhrpott häufig am Tresen vorbei. Günstig: der zünftige Sonntagsbrunch für nur 7 Euro pro Person! *Tgl. 10–1 Uhr | Choriner Str. 76 | Tel. 449 69 39 | www.schwarzepumpe-berlin.de | U 8 Rosenthaler Platz | Mitte*

Insider Tipp TRUDE RUTH & GOLDAMMER [159 F4]

Dunkel, urig – und eine Flasche Berliner Bier kostet nur 1,50 Euro. Der Name der Neuköllner Eckkneipe ist zwar lang, aber ansonsten gibt's hier keinen Schnickschnack. Gerade nach einem langen Tag Sightseeing kann man in der Kneipe herrlich versacken. Am Sonntag neben Kiez-Urgesteinen den „Tatort" schauen oder die flotte Rückhand bei einer Runde Tischtennis üben. Jeden Donnerstag ab 20 Uhr gibt's warmes Essen (kleine Portion 2,50, große 3,50

Euro!). *So–Do 18–3, Fr, Sa 18–5 Uhr | Flughafenstr. 38 | www.ruthgoldammer.de | U 8 Boddinstraße | Neukölln*

W. PRASSNIK [144 C5]

In dieser Kiezkneipe mit einfachem Holzmobiliar geht es traditionell und gemütlich zu mit deftigem Grünkohl und Würstchen (4 Euro) oder Pelmeni (2,50 Euro), Berliner Pilsener wird für 2,50 Euro (0,3 l) serviert, lecker ist vor allem das selbst gebraute, unfiltrierte Bier zum selben Preis. *Tgl. ab 19 Uhr | Torstr. 65 | Tel. 41 71 51 20 | http://mangelwirtschaft.de | U 2 Rosa-Luxemburg-Platz | Mitte*

Insider Tipp ZUR QUELLE [0]

Günstiges Bier, kuriose Gestalten am Tresen, Schummerlicht: In dieser Kultkneipe wird der Name zum Programm: Hier fließt das Bier ohne Unterbrechung, denn die Quelle hat immer geöffnet. Machen Sie es wie die Einheimischen und kehren hier auf dem Heimweg auf ein letztes (sehr preiswertes!) Bier ein. Mit Glück scheint die Sonne schon, wenn Sie die Bar verlassen! *Durchgehend geöffnet | Alt-Moabit 87 | Tel. 391 42 89 | U 9 Turmstraße | Moabit*

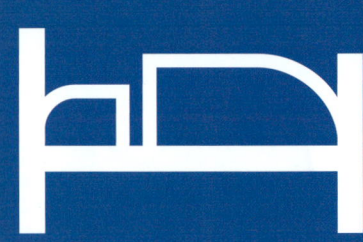

> **Ein Bett im Marzahner Plattenbau oder doch lieber ein cooles Hostel im Szenebezirk? In Berlin haben Sie die Riesenauswahl. Und das Beste: Übernachten ist günstig!**

Geschenkt: Sie wollen gar nicht schlafen, sondern lieber die Nacht zum Tag machen. Dennoch – irgendwann ist es soweit, und Sie müssen sich auch mal langlegen. Das soll dann möglichst wenig kosten? Wir haben für Sie die Rosinen aus dem Angebot gepickt. Was wirklich günstig ist und möglichst auch noch so, dass Sie schlafen können (keine Autobahn nebenan) stellen wir Ihnen auf den folgenden Seiten vor. Umsonst ist nicht nur das Nächtigen unter freiem Himmel (unbequem!), sondern auch das sogenannte Housesitting (S. 105), bei dem Sie kostenlos auf die Woh-

nung oder das Haus (und vielleicht auch das Haustier) von jemandem aufpassen, der für längere Zeit verreist ist. Oder wie wäre es zum Beispiel mit einem Bett im Plattenbau? Die Pension 11. Himmel (S. 116) im Berliner Hochhausmeer Marzahn bietet für 22 Euro pro Nacht die schönsten Zimmer mit Ausblick weit und breit. Wer es lieber idyllisch mag, sollte die Jugendherberge am Wannsee (S. 108) favorisieren, mit eigener Badestelle und Beachvolleyballplatz. Angesichts der Fülle von Low-Budget-Betten in Berlin bleiben auch nach einer Mütze voll Schlaf noch jede

SCHLAFEN

Menge Euros übrig. Wie auch immer Sie sich entscheiden – schlafen Sie gut!

APARTMENTS & PRIVATZIMMER

APARTMENTS AM BRANDENBURGER TOR [138 B3]

Zentraler geht's nicht: Ganz in der Nähe von Regierungsviertel, Brandenburger Tor und Potsdamer Platz logieren Sie in modern eingerichteten Ferienwohnungen zum (für die Lage!) günstigen Preis. Zwei Personen sind ab 81 Euro dabei, für Gruppen von zehn Personen kostet die Unterkunft 171 Euro pro Nacht (bis zu fünf Personen in einem Zimmer). Die Apartments befinden sich in DDR-Plattenbauten, die aber in ansehnlichem Zustand sind. Je nach Saison gibt es Rabatt ab dem zweiten Tag. *81–171 Euro/Nacht | 5 Ap. | Informationsbüro Behrenstr. 1c | Tel. 200 75 70 | www.apartments-mitte.de | U-/S-Bahn Brandenburger Tor | Mitte*

CITY ROOM [145 D2]

„Vom Weinglas bis zu Bratpfanne – alles vorhanden", damit wirbt City Room für seine Apartments im Prenzlauer Berg. Und ist das nicht auch alles, was man braucht?! Gerade für Familien oder Gruppen ab vier Personen sind die eher schlichten Wohnungen perfekt, da günstig und super gelegen. Plus: Wer sieben Übernachtungen bucht, zahlt nur sechs! Kostenpunkt also für vier Personen im 2-Zimmer Apartment bei sieben Nächten weniger

als 100 Euro die Nacht. Und das im hübschen Prenzlauer Berg, inmitten von Cafés, Galerien und Museen. Wen kümmert da schon die grüngeblümte Bettwäsche? *Schönhauser Allee 63 | Tel. 47 30 05 00 | www.cityroom-berlin.de/ | U-/S-Bahn Schönhauser Allee | Prenzlauer Berg*

RAJA JOOSEPPI [144 B3]

Mitten in Mitte für wenig Geld: Die schönen, komplett ausgestatteten Apartments, die bei 80 Euro für zwei Personen starten, sind an einem historisch spannenden Ort gelegen. Nur wenige Gehminuten entfernt kann man den 1,4 km langen ehemaligen Grenzstreifen der Gedenkstätte Berliner Mauer (s. S. 27) 🐷 gratis besichtigen. Und zum Frühstück sollte man sich unbedingt mal einen Cappuccino im stylischen Café Hermann Eicke nebenan gönnen. *Ab 80 Euro inkl. Privatparkplatz | Brunnenstr. 44 | Tel. 49 78 08 30 | www.raja-jooseppi.de | U 8 Bernauer Straße | Mitte*

CAMPING

BERLINER CAMPINGCLUB [0]

Morgens nehmen Sie als erstes ein Bad in der Havel, hören die Vögel zwitschern und dann ab zum Sightseeing in die City. Romantischer kann ein Berlinaufenthalt kaum sein, und günstig obendrein. Pro Person zahlen Sie 7,50 Euro, ein kleines Zelt kostet ca. 7,50 Euro, ein Wohnwagenstellplatz 10,50 Euro pro Nacht. Die Zelte stehen auf einer Wiese direkt am Ufer, die sanitären Einrichtungen sind einfach, aber sauber. Der Haken: Sie brauchen mindestens 50 Minuten bis zum Reichstag. *Ende März–Anfang Okt. | Niederneuendorfer Allee | Tel. 335 45 84 | www.berliner-campingclub.com/camping-buergerablage.html | Bus 136 Bürgerablage | Spandau*

CAMPINGPLATZ KUHLE WAMPE [0]

Hier hören Sie die Hechte springen, und gleich danach hüpfen Sie selbst ins glasklare Wasser der Großen Krampe, einem Ausläufer des Flüsschens Dahme. Eine BVG-Fähre bringt sie vom Berliner Stadtteil Schmöckwitz hinüber, oder Sie fahren vom Ortsteil Müggelheim aus durch den dichten Wald. In die City brauchen Sie ca. eine Stunde. Ein kleiner Kiosk versorgt Sie mit dem Nötigsten. *6 Euro p. P. u. Nacht, erm. (Kinder 6–16 J.) 3,50 Euro, Kinder unter 6 J.*

kostenlos, Zelt 4 Euro | April–Okt. | Straße zur Krampenburg | Tel. 659 86 21 | www.zeltplatz-kuhle-wampe.de | Fähre F 21 Krampenburg | Köpenick

HOSTELS & HERBERGEN

2A-HOSTEL [0]

Ganz in der Nähe vom Neuköllner Nachtleben und gut angebunden an den Rest der Stadt durch die nahe Ringbahnstation können Sie hier im Designerhostel mit kreativ gestaltetem Interieur logieren. Praktisch auch in Mehrbettzimmern: Jedes Bett hat eine eigene Lampe und Steckdose, außerdem gibt es elektronisch gesicherte Schließfächer in jedem Zimmer. Frühstück ab 2,50 Euro. *13–19 Euro p. P. | 196 Betten | Saalestr. 76 | Tel. 63 22 63 30 | www.2a-hostel.de | U-/S-Bahn Neukölln | Neukölln*

Romantisch und stylish: Campen in Berlin

ALCATRAZ [145 D2]

Ein Gefängnis sieht anders aus, daher kann der Name eigentlich nur für die Geborgenheit stehen, die auf einer kleinen Insel im Großstadtgewimmel des Szeneviertels Prenzlauer Berg entsteht. Hier kommen sich preisbewusste Backpacker und Gäste aus aller Welt schnell näher beim gemeinsamen Kochen in der Gästeküche oder beim Kickern. Die Zimmer *(Einzel- bis Achtbettzimmer, 10,50–48 Euro pro Person)* im typischen Berliner Altbau sind funktional und wenig gemütlich eingerichtet. Die Preise fallen im Vergleich mit anderen Hostels etwas höher aus, das liegt wohl an der Lage im Szenekiez. Großes Plus: die kostenlose Computernutzung. *11–48 Euro p. P. | 80 Betten | Schönhauser Allee 133a | Tel. 48 49 68 15 | www.alcatraz-backpacker.de | U 2 Eberswalder Straße | Prenzlauer Berg*

ALL IN HOSTEL [152 B2]

Diese Herberge mit über 400 Betten und sehr günstigen Übernachtungspreisen eignet sich für alle Schnäppchenjäger, die wirklich nur ein Bett für die Nacht brauchen. Schon ab 10 Euro die Nacht können Sie im Achtbettzimmer eine Mütze voll Schlaf nehmen. Vorteil: Es gibt auch reine Frauen- und Männerschlafräume. Vierbett- (ab 12 Euro) und Doppelzimmer (ab 19 Euro pro Person) mit Dusche und WC sind funktional und wenig gemütlich, dafür aber preiswert. Es gibt eine hauseigene Bar mit Billard sowie eine Cafétéria, in der Sie für 4 Euro frühstücken können. *10–40 Euro p. P. | 411 Betten | Grünberger Str. 54 | Tel. 288 76 83 | www.all-in-hostels.de | U 5 Frankfurter Tor | Friedrichshain*

A&O HOSTEL FRIEDRICHSHAIN [152 C2]

Viele hundert Gäste checken täglich ein und aus, und manchmal fühlt man sich im Foyer wie auf einem Bahnhof. Die Preise für die Achtbett- (ab 7 Euro pro Person) bis Einzelzimmer (ab 13 Euro) sind günstig, dennoch sind die Zimmer freundlich eingerichtet, und manche Zimmer zieren coole Graffiti von Berliner Künstlern. Kinder bis 18 Jahre übernachten gratis! Sky Premium ist in den öffentlichen Bereichen kostenlos. Weiteres Plus: die Kids Corner mit Spielzeug, Maltafel, Buntstiften und Kinderbüchern. Bettwäsche kostet für die Vier- bis Achtbettzimmer 3 Euro extra, Handtücher 1 Euro.

Insider Tipp

Tipp: Auf der Internetseite werden tagesaktuelle Schnäppchenpreise angezeigt! Super Lage im Szenekiez Friedrichshain. *8–44 Euro p. P. | 637 Betten | Boxhagener Str. 73 | Tel. 29 77 81 54 00 | www.aohostels.com/de/berlin | S 5, S 7, 8, 75 Ostkreuz | Friedrichshain*

BACKPACKER BERLIN [152 C2]

In einem hübschen wilhelminischen Altbau können Sie in Ikea-Stil-Wohlfühlatmosphäre eines eher kleinen Gästehauses logieren. Pluspunkt: Die hellen, mit Doppelstockbetten ausgestatteten Vierbettzimmer (18 Euro/Nacht) verfügen jeweils über eine eigene Dusche. Bei den anderen Zimmern (Ein- bis Sechsbett) befinden sich die Badezimmer auf dem Gang. Frische Bettwäsche und Handtücher müssen Sie für 2 Euro dazu buchen, Schlafsäcke sind nicht erlaubt. *9,90–27,50 Euro p. P. | 22 Betten | Knorrpromenade 10 | Tel. 29 36 91 64 | www.backpackerberlin.com | U 5 Samariterstraße | Friedrichshain*

BAXPAX KREUZBERG [139 D1]

Wer sparen will und nichts gegen weitere 16 (!) Personen im selben Zimmer hat, wird hier glücklich (8–14 Euro p. P.). Aber auch die cool gestylten Doppel- (19–33 Euro p. P.) oder Neunbettzimmer (ab 12 Euro p. P.) finden Anklang in dem super zentralen Hostel. Highlight ist die Gartenlounge, mit Riesensofa zum entspannen unterm Sternenhimmel! Frische Bettwäsche kostet 2,50 Euro, Schlafsäcke sind zwar erlaubt, Bettwäsche muss man trotzdem mieten. Gemeinsames Kochen ist möglich. Es gibt extra Frauenzimmer. *8–60 Euro p. P. | 129 Betten | Ziegelstr. 28 | Tel. 27 87 48 80 | www.baxpax.de | U 6 Oranienburger Tor | Mitte*

CLEVER!
> Neuer Trend: Housesitting

Sparen Sie viel Geld, in dem Sie kostenlos auf die Wohnung oder das Haus von jemandem aufpassen, der für längere Zeit verreist ist. Einzige Bedingung: Sie müssen ein detailliertes und vertrauenerweckendes Profil auf einer Housesitting-Börse, wie z.B. www.trustedhousesitters.com, anlegen und Referenzen sammeln. Dann gilt es natürlich, gut auf Haus (und möglicherweise Haustiere) aufzupassen – aber das macht man bei Gratisübernachtungen ja liebend gern!

CIRCUS HOSTEL [144 B4]

Am coolsten Ort Berlins, dem Rosenthaler Platz, ist Urlaub vor allem etwas für Partygänger und Modekenner. Hier können Sie nach einem ausgiebigen Gang durch das Nachtleben um die Ecke ausgiebig ausschlafen. Danach bietet sich ein Bummel entlang der Torstraße an mit vielen angesagten Modeläden. Von Zehnbett- bis Einzelzimmer. *19–50 Euro p. P. inkl. Bettwäsche | 120 Betten | Weinbergsweg 1a | Tel. 20 00 39 39 | www.circus-berlin.de | U 8 Rosenthaler Platz | Mitte*

CITYSTAY-HOSTEL [139 E1]

Parkett und hohe Loftdecken sind das Plus in diesem ehemaligen Kaufhaus ganz in der Nähe vom Alexanderplatz. Den ästhetischen Komfort müssen Gäste im Vergleich nur mit einem Tick teureren Übernachtungspreisen bezahlen: Im Zehnbettzimmer kostet die Nacht ab 14 Euro, im Vierbettraum 19 Euro. Doppelzimmer kosten ab 25 Euro pro Person. Trotz der vielen Betten in manchen Räumen wirkt das Ambiente luftig. Gemütliche Bar im Eingangsbereich, die auch von den Bewohnern aus der Nachbarschaft genutzt wird. Bettwäsche kostet 2,50 Euro extra. *14–55 Euro p. P. | 220 Betten | Rosenstr. 16 | Tel. 23 62 40 31 | www.citystay.de | S 3, 5, 7, 75 Hackescher Markt | Mitte*

COME BACKPACKERS [159 D1]

Mitten im Szenekiez am Kottbusser Tor müssen Sie nicht weit laufen, um Party zu machen. Mehrere Clubs, u. a. der Monarch (S. 91), befinden sich ganz in der Nähe. Die Kneipe Möbel Olfe (S. 96) ist auch gleich um die Ecke. In äußerst schlichten Schlafsälen mit bis zu 16 Betten nächtigen Sie ab 14 Euro, inklusive Bettwäsche (Sechsbettzimmer 18 Euro/Nacht u. Person). Beim Zusammensitzen in der Hostelbar oder -küche lernen Sie schnell die anderen Bewohner kennen. *14–20 Euro p. P. | 60 Betten | Adalbertstr. 97 | Tel. 60 05 75 27 | www.comebackpackers.com | U 1, 8 Kottbusser Tor | Kreuzberg*

EASTERN COMFORT HOSTELBOOT [152 A3]

Inside Tipp

Schwimmend in den Schlaf gleiten. Auf den beiden Hostelbooten namens Eastern und Western Comfort auf der Spree zwischen den In-Vierteln Friedrichshain und Kreuzberg können für einen kleinen Preis legendäre Nächte verbracht werden. Zum Beispiel während der Sommermonate in einem der komfortablen Zelte (gemütliche Matratze inklusive!), die oben auf der Western Comfort stehen. Nur 16,50 Euro kostet dieses Vergnügen die Nacht, und die 🐷 Aussicht auf den Sonnenaufgang über der Spree gibt's kostenlos obendrauf! Wer mehr Gemütlichkeit braucht, dem ist hier auch mit Doppel- und Mehrbettzimmer geholfen. *17–72,50 Euro | 121 Betten | Mühlenstr. 73 | Tel. 30 66 76 38 06/ www. eastern-comfort.com | U-/S-Bahn Warschauer Straße | Friedrichshain*

EASTSEVEN [144 C4]

Schon mehrmals wurde dieser kleinen Herberge (60 Betten) die Ehre zuteil, zum besten Hostel Deutschlands gekrönt zu werden. Jeder der mit hübschen Wandmalereien verzierten Schlafräume hat ein eigenes Bad, die Preise sind moderat (13–39 Euro p. P. im Einzel- bis Achtbettzimmer). Bettwäsche kostet 3 Euro, Handtücher 1 Euro. Im Sommer treffen sich die Gäste im lauschigen Garten, in dem häufig auch gegrillt wird oder in der Gemeinschaftsküche zum Brutzeln. *60 Betten | Schwedter Str. 7 | Tel. 93 62 22 40 | www.east seven.de | U 2 Senefelderplatz | Prenzlauer Berg*

GENERATOR [0]

Deutschlands größtes Hostel mit über 900 (!) Betten in einem Plattenbau ragt direkt an der S-Bahn Landsberger Allee in den Himmel. Wer hier eine Übernachtung bucht, sollte sich Stockwerk und Zimmernummer ganz genau merken, denn sonst braucht es eine Zeit, bis man ankommt. Die futuristisch anmutende Einrichtung der Gemeinschaftsräume ist etwas Besonderes. Übernachtung ab 10 Euro. *10–46 Euro p. P. | 902 Betten | Storkower Str. 160 | Tel. 417 24 00 | www.generatorhostels.com | S 41, 42 Landsberger Allee | Prenzlauer Berg*

GRAND HOSTEL BERLIN [158 A2]

Hübsche Gründerzeitbleibe mit herrschaftlichen Räumen, kombiniert mit schlichten, aber geschmackvollen Möbeln der Neuzeit und einigen alten Stücken. Der Service ist herzlich, und Gäste fühlen sich schnell wie zu Hause. Einige Clubs und Kneipen sind gleich um die Ecke, die Hochbahn hält vor der Tür. In der gemütlichen Bibliothek kann man mit einem

Buch im Sessel versinken oder auch mal einem Guitar-Hero bei der Arbeit zuhören. Das Hostel hat schon Preise gewonnen – Ambiente und Preis-Leistungs-Verhältnis sei Dank. Eine Nacht im Sechsbettzimmer kostet ab 14 Euro, ein Doppelzimmer mit eigenem Bad ist schon für 26 Euro pro Person zu haben. Sie können zehn Prozent der Übernachtungskosten sparen, wenn die Buchung fest ist und später nicht mehr geändert werden kann (keine Erstattung). *14–35 Euro p. P. | 40 Betten | Tempelhofer Ufer 14 | Tel. 20 09 54 50 | www.grandhostel-berlin.de | U 7 Möckernbrücke | Kreuzberg*

HEART OF GOLD HOSTEL [138 C1]

Ganz in der Nähe der Partyzone Oranienburger Straße treffen hier Gäste aus aller Welt auf helle, ruhige Räume in einem gepflegten Neubau. Wer große Gruppen liebt, bucht die Übernachtung um 9,90 Euro im 400 m² großen 26-Bett-Schlafsaal. Lauschiger ist es im Einzelzimmer mit Dusche ab 88,50 Euro. *9,90–95 Euro p. P. | 108 Betten | Johannisstr. 11 | Tel. 29 00 33 00 | www.heartofgoldhostel.de | U 6 Oranienburger Tor | Mitte*

JUGENDGÄSTEHAUS HAUPTBAHNHOF [149 D1]

Jung und alt fühlen sich gleichermaßen wohl, vor allem aber nutzen Schulklassen das Haus als Unterkunft. Wer gerne allein schläft, bekommt hier die günstigsten Einzelzimmer weit und breit, zudem hell und freundlich eingerichtet. Für 30 Euro pro Nacht haben Sie zwar kein eigenes Badezimmer, aber Sie teilen sich die Dusche „nur" mit einem anderen Zimmer. Es gibt auch Doppelzimmer (30 Euro p. P.) und Mehrbettzimmer (ca. 16 Euro p. P.) jeweils mit eigenem Bad. Das Haus befindet sich nicht in Alt-Mitte, sondern im Stadtteil Moabit. *16–30 Euro p. P. | Lehrter Str. 68 | Tel. 39 83 50-0/ www.jgh-hauptbahnhof.de | U-/S-Bahn Hauptbahnhof | Moabit*

JUGENDHERBERGE AM WANNSEE [0]

Längst sind in den klassischen Jugendherbergen auch Senioren und Familien gern gesehene Gäste. Das tolle Seegrundstück mit Beachvolleyballplatz lässt Urlaubsstimmung aufkommen, dabei sind Sie nur 20 S-Bahn-Minuten von der Berliner City entfernt! Die neun schlichten, aber brauchbar eingerichteten Familienzimmer, jeweils mit eigenem Bad, müssen lange vorher gebucht werden, da sie schnell vergeben sind. Bettwäsche und Frühstück sind im Preis inbegriffen. Der Haken: Sie müssen Mitglied im Deutschen Jugendherbergsverband werden, das geht schnell und unkompliziert vor Ort, kostet aber 22,50 Euro für ein Kalenderjahr (bis 26 Jahre 7 Euro). Wer ab Juni dem DJH erstmalig beitritt, bezahlt nur den halben Jahresbeitrag. *Ab 17,50 Euro p. P. | 80 Zi. | Badeweg 1 | Tel. 803 20 34 | www.jh-wannsee.de | S 1, 7 Nikolassee | Zehlendorf*

THE ODYSSEE HOSTEL [152 C2]

Nach einer langen Reise fühlen sich in dem fantasievoll gestalteten Gasthaus alle wohl, die es bunt mögen und unkompliziert. Hier kommen Sie beim gemeinsamen Kochen in der Gästeküche schnell ins Gespräch mit Backpackern aus aller Welt. Helle Räume mit einfachen Etagenbetten in einem Berliner Altbau im Friedrichshainer Szenekiez. Am günstigsten ist es im Schlafsaal mit 22 Betten. *9,50–48 Euro p. P. | 84 Betten | Grünberger Str. 23 | Tel. 29 00 00 81 | www.globetrotterhostel.de | U-/S-Bahn Warschauer Straße | Friedrichshain*

Mischung aus Ritterburg und Piratenschiff: das Odyssee-Hostel

OSTEL [152 A1]

DDR-Charme bis unters Dach verströmt das Friedrichshainer Plattenbauhostel mit original DDR-Möbeln und Porträt von Erich Honecker im Foyer. Im Vierpersonenapartment übernachten Sie für 20 Euro pro Kopf und Nacht, inklusive Bettwäsche! Ein Doppelzimmer mit Bad auf dem Gang kriegen Sie für ca. 39 Euro, mit eigenem Bad kostet die Nacht zu zweit ab 44 Euro. Der Ostbahnhof sowie viele angesagte Clubs befinden sich direkt vor der Tür. *20–49 Euro p. P. | 43 Zi., 8 Ap. | Wriezener Karree 5 | Tel.* 25 76 86 60 | *www.ostel.eu* | S 7, 9 *Ostbahnhof | Friedrichshain*

PFEFFERBETT [144 C4]

Hier werden die Nächte nicht so scharf, wie es sich anhört: Auf dem Gelände einer ehemaligen Berliner Brauerei bietet das Kulturzentrum Pfefferberg ein Hostel mit sehr modernen und gepflegten Schlafsälen, wahlweise für zwei bis acht Personen (ab 15,50 Euro). Ein Doppelzimmer mit eigenem Bad und Fernseher kostet zwar 64 Euro pro Nacht, dafür ist es auch wie ein Hotelzimmer eingerichtet. *15,50–32 Euro p. P. | 80 Zi., 180 Betten, 11 Ap. | Christinenstr. 18–19 | Tel.* 93 93 58 58 | *www.pfefferbett.de* | U 2 Senefelderplatz | Prenzlauer Berg

REGENBOGENHOSTEL [159 E2]

Eine günstige Übernachtungsadresse in Berlin: Im – allerdings sehr beengt wirkenden – Acht- oder Zehnbettzimmer zahlen Sie (inkl. Bettwäsche!) 13 Euro pro Nacht, und das mitten im Kreuzberger Szenekiez! Dafür erwartet Sie in der kleinen, bunt und fröhlich gestalteten Herberge (36 Betten) der Regenbogenfabrik, einem alternativen Kulturzentrum, eine familiäre Atmosphäre mit kleiner Gästeküche,

CLEVER!

> Günstig! Internetportale

Über Internetportale wie Oh-Berlin, airbnb, Gloveler und Housetrip können Sie möblierte Ferienwohnungen mit einer vergleichsweise günstigen Tagesmiete finden oder ein privates Gästezimmer buchen. Die Auswahl ist verlockend, etwa ein richtig gemütlich eingerichtetes Apartment am Alexanderplatz für nur 70 Euro pro Nacht. *30–90 Euro/Nacht | www.oh-berlin. com, www.airbnb.de, www.gloveler. de, www.housetrip.com*

schönem Hofgarten und vielen Bars und Kneipen um die Ecke. Es gibt auch sehr günstige Einzelzimmer (27 Euro pro Zimmer) und Doppelzimmer (40 Euro pro Zimmer). Frühstück ab 4,50 Euro, mittags kochen die Gastgeber ein günstiges Essen für 3 bis 5 Euro. *10–27 Euro p. P. | 9 Zi., 36 Betten | Lausitzer Str. 22 | Tel. 69 57 95 22 | www.regenbogenfabrik. de | U 1, 8 Kottbusser Tor | Kreuzberg*

SCHLAFMEILE [152 C2]

In einem Berliner Hostel auf neuseeländische Art zu frühstücken (4,90 Euro) oder zu Abend zu essen, ist recht ungewöhnlich. Zu verdanken ist die kulinarische Exotik dem neuseeländischen Besitzer, der auch gerne Tipps zu seiner Heimat gibt. Im Szeneviertel von Friedrichshain hat er sich trotzdem mit seinem kleinen Gästehaus (ca. 65 Betten) eine neue Existenz geschaffen. Im Achtbettzimmer kostet die Übernachtung nur ca. 11 Euro, im Fünfbettzimmer 17 Euro, jeweils inklusive Bettwäsche und Badezimmer auf dem Flur. *11–59 Euro p. P. | 80 Zi. | Weichselstr. 26 A | Tel. 20 68 73 14 | www.schlafmeile.de | S-/U-Bahn Frankfurter Allee | Friedrichshain*

SINGER 109 [151 E3]

Der Fernsehturm ist zu Fuß zu erreichen, und auch die Spree ist nicht weit. Das hübsch restaurierte Gebäude aus dem 19. Jh. mit Atrium und gepflegten, zweckmäßig eingerichteten Zimmern ist zwar etwas teurer als andere Hostels, hat dafür aber auch viel Charme. Im Achtbettraum mit Dusche und WC zahlen Sie zwischen 17,85 und 24,15 Euro pro Person. Ein Doppelzimmer kostet zwischen 33 und 42 Euro, je nach Saison. Separate Schlafräume für Frauen. Bettwäsche ist inklusive. *17,85–71 Euro p. P. | 80 Zi. | Singerstr. 109 | Tel. 74 77 50 28 | www.singer109.com | U 5 Strausberger Platz | Friedrichshain*

SOPHIENHOF BERLIN [150 B1]

Im Hostel des CVJM nächtigen Sie ruhig und dennoch ganz in der Nähe vom Hackeschen Markt. Berliner Dom und Museumsinsel sind nur einen Fußmarsch weit entfernt. Ein Vierbettzimmer im Berliner Altbau mit Frühstücksbüfett kostet 98 Euro (84 Euro für Familien). Für ein Doppelzimmer mit Frühstück zahlen Sie 61 Euro. Duschen befinden sich auf dem Gang, Bettwäsche ist im Preis enthalten. *24,50–71 Euro p. P. | 24 Zi. |*

Sophienstr. 19 | Tel. 28 49 77 77 |
www.sophienhof-berlin.de | *U 8 Wein-
meisterstraße* | *Mitte*

THE SUNFLOWER HOSTEL   [152 B3]

Sonnenblumen wachsen zwar nicht
in der Lobby, doch das ganze Ambiente ist so bunt und fröhlich gestaltet, dass selbst im November Som-
merstimmung herrscht. Jedes Zimmer hat ein anderes Design und
kostet je nach Zahl der Mitbewohner
und Jahreszeit 9,50 (Achtbettzimmer) bis 19 Euro (Einzel- oder Doppelzimmer). Im Juli und August
Hochsaison-Zuschlag in Höhe von
1,50 Euro pro Nacht und Person.
Frühstücksbüfett All-you-can-eat für
3 Euro! *9,50–30 Euro p. P.* | *38 Zi.* |
Helsingforser Str. 17 | *Tel. 44 04 42 50*
| *www.sunflower-hostel.de* | *U-/S-
Bahn Warschauer Straße* | *Fried-
richshain*

Insider Tipp

THREE LITTLE PIGS   [149 F5]

In bester Lage ganz in der Nähe vom
Potsdamer Platz können Sie schon ab
13 Euro (im Achtbettzimmer) in einem hübschen, umgebauten Kloster
übernachten. Im Vierbettzimmer zahlen Sie in der Hauptsaison nur
18 Euro, für ein Doppelzimmer ab
22 Euro pro Person. Die Badezimmer
befinden sich auf dem Gang. Wer die
Dusche nicht gerne mit anderen teilt,
zahlt im Doppelzimmer ca. 40 Euro.
Bettwäsche kostet pro Person
2,50 Euro extra und muss mitgemietet
werden, Schlafsäcke sind nicht er-
laubt. Die Zimmer sind zweckmäßig
eingerichtet mit Etagenbetten in den
Mehrbettzimmern. Gemeinschaftsküc-
he. *13–41 Euro p. P.* | *250 Betten* |
Stresemannstr. 66 | *Tel. 26 39 58 80* |
www.three-little-pigs.de | *U-/S-Bahn
Potsdamer Platz* | *Kreuzberg*

WOMBATS   [144 C5]

An der belebten Torstraße tauchen Sie
so richtig ins pralle Berliner Leben ein
mit vielen coolen Designerläden,
Kneipen und Restaurants in der Nähe.
Die Zimmer (Zwei- bis Sechsbettzim-
mer) kosten 12 bis 40 Euro, inklusive
Bettwäsche. Es gibt auch kleine
Apartments mit separatem Schlaf-
raum. Die Einrichtung ist typisch
Ikea. Das All-you-can-eat-Frühstück
kostet nur 3,90 Euro pro Person. Modern ausgestattete Gästeküche. *12–
40 Euro p. P.* | *80 Zi.* | *Alte Schön-
hauser Str. 2* | *Tel. 84 71 08 20* |
www.wombats-hostels.com | *U 2
Rosa-Luxemburg-Platz* | *Mitte*

HOTELS & PENSIONEN

DIE FABRIK [152 A4]

Stilvoll und dennoch preiswert: In diesem kleinen, persönlich geführten Hotel kosten Doppelzimmer nur ca. 58 Euro (Bad auf dem Gang), dafür bekommen Sie eine liebevoll arrangierte Einrichtung aus Möbeln der letzten 100 Jahre und das Szeneviertel Wrangelkiez vor der Tür. Wer es noch günstiger mag, bucht ein Bett in einem der Schlafsäle (sieben Betten) für 18 Euro die Nacht. Im angeschlossenen Café ist günstig frühstücken (ab 3,50 Euro). *18–50 Euro p. P. | 45 Zi. | Schlesische Str. 18 | Tel. 611 82 54 | www.diefabrik.com | U 1 Schlesisches Tor | Kreuzberg*

HOTEL BRITZER TOR [0]

Günstig übernachten im Berliner Altbau: Schon für 59 Euro pro Nacht können Sie hier gepflegt Urlaub machen. Das Haus von 1870 verfügt über einen Lift zu den einzelnen Etagen. Ein kleiner Garten sowie eine Sauna bieten Gästen Erholung nach dem Stadtausflug. Praktisch für Familien oder Freunde sind die Vier-

CLEVER!

> Übernachtung mit Musical inklusive

Ein Glas Sekt zum Empfang, eine Wellnessmassage inklusive und Tickets für ein Musical – viele bessere Hotels bieten Arrangements, bei denen Sie kräftig Geld sparen können. Wer etwa ein Musicalpaket bucht, bekommt zum Doppelzimmer (ca. 136,90 Euro) z. B. im Steigenberger Hotel Berlin (S. 119) ein Ticket für die Show „Ghost – Das Musical" im Theater des Westens dazu (zu buchen über www.stage-entertainment.de). Und beim Ritz Carlton am Potsdamer Platz ist für ca. 173 Euro pro Person z. B. die Show „Blue Man Group" im Stage-Bluemax-Theater inklusive (*zu buchen über www.musicals-4-you.de*).
Aktuelle Infos zu den passenden Angeboten finden Sie unter *www.travelcircus. de/ghost-musical-mit-hotel.* Wählen Sie aus, was Sie sehen möchten, und klicken Sie „mit Übernachtung" an. Oder geben Sie einfach bei Google „Musical Hotel Berlin" ein und prüfen Sie die Ergebnisliste.

SCHLAFEN

bettzimmer mit zusammenhängenden Schlafräumen. Das Frühstück kostet 8 Euro extra. *DZ ab 59 Euro | 17 Zi. | Karl-Marx-Str. 262 | Tel. 68 08 15 10 | www.hotelbritzertor.de | U-/S-Bahn Neukölln | Neukölln*

HOTEL DE FRANCE [0]

„Berlin für zwei" heißt ein verlockendes Angebot im ehemaligen Kulturzentrum der französischen Streitkräfte. Für Schüler- und Studenten gibt es bei den regulären Übernachtungspreisen (DZ 63 Euro mit eigenem Bad) 20 Prozent Rabatt. Ein Einzelzimmer kostet für Schüler und Studenten nur 33 Euro. Schöne Zimmer im 1960er-Jahre-Bau. *DZ 53–69 Euro | 50 Zi. | Müllerstr. 74 | Tel. 41 72 90 | www.hoteldefrance-berlin.de | U 6 Rehberge | Wedding*

HOTEL FUNK [148 A5]

Insider Tipp

Lust auf eine Zeitreise in einer Villa aus der Belle Époque? Für einen sagenhaften Preis schlafen Sie hier wie einst der Stummfilmstar Asta Nielsen. Alle Zimmer ihrer ehemaligen Wohnung sind original eingerichtet und kosten nur ab 34 Euro die Nacht im Einzel-, oder ab 52 Euro im Doppelzimmer. Das köstliche Frühstücksbüfett inklusive! Gut, dass es keine Stummfilme mehr gibt und man seine Begeisterung lautstark (im Smartphone-Erinnerungsvideo) kundtun kann! *EZ 34–57, DZ 52–89 Euro | 14 Zi. | Fasanenstr. 69 | Tel. 882 71 93 | www.hotel-pensionfunk.de | U 1 Uhlandstraße | Charlottenburg*

HÜTTENPALAST [159 E3]

Wow! Ein absolutes Schnäppchen für so etwas Abgefahrenes: Zwölf stylisch ausgebaute Wohnwagen und Hütten kosten nur ab 65 Euro die Nacht und werden trotzdem das kuscheligste Heim auf Zeit sein, was Sie je hatten. Keine Angst vor Unwetter, die Unikate sind alle Indoor, draußen lockt nur der blühende Garten, in dem man morgens gepflegt das köstliche Frühstück einnimmt (an einer hübschen Kaffee- und Teestation gibt's morgens 🐷 gratis Koffein und heiße Croissants!). Für alle, die es konventioneller mögen, gibt's schöne Doppelzimmer (ab 75 Euro/Nacht). Tipp: Außerhalb der Saison unter der Woche sind die Wohnwagen am günstigsten! *65–100 Euro | 18 Zi. | Hobrechtstr. 66 | Tel. 37 30 58 06 | www.huettenpalast.de | U 7 Hermannplatz | Neukölln*

MEININGER [149 E1]

Den besten Blick auf den Hauptbahnhof bzw. das Regierungsviertel genießen Sie von diesem neuen 3-Sterne-Haus direkt neben den Gleisen. Schallschutzfenster sorgen dafür, dass Sie vom Bahnhofslärm nicht viel mitbekommen. Die Zimmer sind modern gestaltet mit Fernseher und eigenem Bad. Im sogenannten Minidorm für bis zu vier Personen können Sie auch mit netten anderen Berlinbesuchern gemeinsam nächtigen, das kostet dann 26 Euro. Es gibt auch Extrazimmer nur für Frauen. *DZ 44–118 Euro | 296 Zi. | Ella-Trebe-Str. 9 | Tel. 98 32 10 73 | www.meininger-hotels. com | U-/S-Bahn Hauptbahnhof | Tiergarten*

MOTEL ONE BERLIN-MITTE [150 C5]

Gehobener Standard bei niedrigen Preisen ist das Erfolgsrezept diese Designerhotelkette. Eine gute Adresse für alle, die zwar auf den Preis schauen (Doppelzimmer ab 61,95 Euro/Nacht ohne Frühstück), aber auch Regendusche und Flachbildfernseher auf dem Zimmer schätzen. Das Hotel in der Nähe des quirligen Moritzplatzes mit den superhippen Prinzessinnengärten ist die günstigste unter den Hauptstadtfilialen. *DZ ab 61,95 Euro | 45 Zi. | Prinzenstr. 40 | Tel. 69 56 71 74-0 | www.motel-one.com/de/hotels/ber lin/hotel-berlin-mitte | U 8 Moritzplatz | Kreuzberg*

MÜGGELSEEPENSION [141 D5]

Idyllischer geht's nimmer: Direkt am Spreezulauf zum Müggelsee können Sie herrliche Spaziergänge am Ufer unternehmen oder mit dem Ausflugsdampfer Richtung Innenstadt schippern. Die kleine Pension bietet gemütlich eingerichtete Einzel- und Doppelzimmer (inkl. Frühstück) mit eigenem Bad sowie eine Ferienwohnung für bis zu vier Personen (ab 59 Euro). Wer länger als vier Nächte bleibt, bekommt ca. zehn Prozent Rabatt! *DZ ab 58 Euro, Ap. ab 87 Euro | 9 Zi. | Josef-Nawrocki-Str. 12 | Tel. 64 09 03 26 | www.mueggelseepen sion.de | Tram 60 Bölschestraße | Friedrichshagen*

PENSION 11. HIMMEL [0]

Plattenbaufeeling und Landhausromantik in einem, geht denn das zusammen? Ein Aufenthalt im Marzahner Plattenbau mit wahlweise Bett im

Kornfeld oder Königinnenbett ist ein einmaliges und zumal äußerst preiswertes Erlebnis (16 Euro pro Person inkl. Frühstück!). In der Pension 11. Himmel am Stadtrand von Berlin haben Kinder und Jugendliche des benachbarten Freizeitzentrums eine kleine, sehr bunt und kreativ gestaltete Herberge geschaffen mit Gästeküche, Kaminsalon und Bibliothek. *DZ 38 Euro | 6 Zi. | Wittenberger Str. 85 | Tel. 93 77 20 52 | www.pension-11himmel.de | M 8 Wittenberger Straße | Marzahn*

PENSION KNESEBECK   [136 C3]

Günstige Bleibe in zentraler Innenstadtlage: Die wenigen Zimmer sind schlicht ausgestattet mit Holzmöbeln. Aber viele Restaurants und Bars befinden sich in der Nähe, zum Zoo und Kurfürstendamm ist es ebenfalls nicht weit. *DZ 64–69 Euro | 10 Betten | Knesebeckstr. 86 | Tel. 312 72 55 | www.pensionknesebeck. de | S 3, 5, 7, 75 Savignyplatz | Charlottenburg*

ROCK'N'ROLL HERBERGE   [159 E1]

Sieben Zimmer zum kleinen Preis bietet diese Szeneherberge im Herzen von Kreuzberg. Die Zimmer sind mit Wandmalereien von rockenden Musikern geschmückt und mit Holz- oder Metallbetten eingerichtet. Im Foyer können Sie ein Bierchen trinken und Billard oder Kicker spielen. Und vielleicht treffen Sie ja den Rock- oder Popstar von morgen, da hier tatsächlich viele Bands übernachten. *DZ ab 52 Euro, Dreibettzi. 69 Euro, Vierbettzi. 79 Euro inkl. Frühstück | 7 Zi. | Muskauer Str. 11 | Tel. 61 62 36 00 | www.rnrherberge.de | U 1 Görlitzer Bahnhof | Kreuzberg*

STEPS   [143 D1]

Auch Familien oder Senioren mit Toleranz für temperamentvolle Jugendgruppen können sich wohlfühlen in diesem im Ikea-Stil eingerichteten Weddinger Jugendhotel, das von einem schwäbischen Ehepaar sehr persönlich geführt wird. Im Mehrbettzimmer teilen Sie sich das Bad mit Dusche und WC jeweils mit einem weiteren Zimmer. Halbpension ist auch möglich. *DZ 69 Euro, Dreibettzi. 89,70 Euro, Apartment für 4 Personen 131,10 Euro | 96 Betten | Liebenwalder Str. 22 | Tel. 457 98 40 | www.steps-hotel.de | U 6 Seestraße | Wedding*

In einem 5-Sterne-Hotel zu nächtigen ist in Berlin gar nicht so teuer, wie Sie vielleicht denken. Besonders Arrangements, die Sie am besten über das Internet buchen, machen einen Luxus-Aufenthalt an der Spree zum durchaus erschwinglichen Schnäppchen. Bei Reiseveranstaltern wie Dertour, Neckermann oder Tui zahlen Sie während der Wintersaison für drei Tage im Nobelhotel, inklusive Frühstück und freiem Zugang zum Wellnessbereich, weniger als 500 Euro pro Zimmer! Internetplattformen, wie z. B. *www.holidaycheck.de,* zeigen die besten Angebote an.

BRISTOL HOTEL BERLIN [136 C4]

Das Bristol – ehemals Kempinski – Hotel ist immer noch die bekannteste Nobelherberge im Westen Berlins: Direkt am Ku'damm gelegen, können Sie hier stilvoll und luxuriös übernachten. Ein klassisch eingerichtetes, 21 m² großes Doppelzimmer bekommen Sie zu bestimmten Zeiten, etwa im Januar, schon ab 99 Euro pro Nacht, inklusive Nutzung des Spa-Bereichs. *DZ ab 99 Euro | 246 Zi., 55 Suiten | Kurfürstendamm 27 | Tel.*

88 43 40 | www.kempinskiberlin.de | U 1 Uhlandstraße | Charlottenburg

HOTEL PALACE BERLIN [137 E3]

Zum KaDeWe ist es vom 5-Sterne-Hotel ein Katzensprung, zum Ku'damm ebenfalls: Vom Shoppen können Sie sich im ca. 35 m² großen Zimmer mit Möbeln im altenglischen Stil erholen. Toll ist das „Arrangement Familienausflug", was es selbst Familien ermöglicht, sich mal (wohlverdienten!) Luxus zu gönnen. Für nur 579 Euro können zwei Erwachsene mit einem Kind bis 15 Jahren drei Nächte im Business-Deluxe-Zimmer schlafen, sich am Frühstücksbüfett laben, den Palace Spa nutzen und den Berliner Zoo und Aquarium besuchen (regulär ca. 700 Euro). Super Deal! *DZ ab 145 Euro ohne Frühstück | 250 Zi., 32 Suiten | Budapester Str. 45 | Tel. 25 02 11 90 | www.palace.de | U 1, 2 Wittenbergplatz | Charlottenburg*

PULLMAN BERLIN
SCHWEIZERHOF [137 F3]

Im Berlin Schweizerhof, berühmt für seinen Komfort und den modernen Well-

LUXUS LOW BUDGET

nessbereich, können Sie bereits ab ca. 129 Euro (regulär 200 Euro) pro Nacht ein 24 m² großes, modern eingerichtetes Doppelzimmer buchen. Allerdings müssen Sie mindestens vier Wochen vorher buchen und haben keinerlei Stornomöglichkeit. 🐷 Kinder unter 12 Jahren übernachten in der Lachs-Zimmerkategorie gratis im Zimmer ihrer Eltern. Das Hotel befindet sich ganz in der Nähe vom Zoologischen Garten und der Gedächtniskirche. *DZ ab 129 Euro | 383 Zi, 10 Suiten | Budapester Str. 25, Tel. 269 60 | www.pullmanhotels.com | U 1, 2 Wittenbergplatz | Charlottenburg*

SOFITEL KURFÜRSTENDAMM [137 D3]
New-York-Style in Berlin: In diesem 5-Sterne-Designhotel im Art-déco-Stil mit großzügigen Zimmern und Suiten ganz in der Nähe des Ku'damms fühlen Sie sich fast wie in Manhattan. Der 17-stöckige Bau wurde von Jan Kleihues entworfen. Schon für ca. 100 Euro (regulär 224 Euro) pro Nacht können Sie im 40 m² Doppelzimmer mit allem erdenklichen Komfort und Originalen von deutschen Künstlern nächtigen. Zahlen

müssen Sie bei diesem Schnäppchenpreis sofort nach der Buchung, und es gibt keine Stornomöglichkeit. 🐷 Kinder (bis 12 J.) übernachten kostenlos. *DZ ab 115 Euro ohne Frühstück | 311 Zi. u. Suiten | Augsburger Str. 41 | Tel. 800 99 90 | www.sofitel.com | U 1, 9 Kurfürstendamm | Wilmersdorf*

STEIGENBERGER HOTEL BERLIN [137 E4]
Mitten in der City West liegt das Luxushotel, das zumindest von außen an Siebzigerjahre-BRD-Agentenkrimis erinnert, nur fünf Gehminuten von der kultigen und altehrwürdigen Shoppingmeile Ku'damm entfernt. Das Superiorzimmer mit Doppelbett kostet ab 106 Euro, ein super Schnäppchen! Bonus: Beim Einchecken gibt es gratis die 🐷 „Steigenberger Berlin Travel Card", mit der Sie im Nahverkehr durch Berlin und Potsdam fahren! Für nur 136,90 Euro ist etwa „Ghost – Das Musical" inklusive (buchbar über *www.stage-entertainment.de*). *DZ ab 106 Euro, 386 Zi, 11 Suiten | Los-Angeles-Platz 1 | Tel. 212 70 | www.steigenberger.com | U Kurfürstendamm | Charlottenburg*

> **Abenteuer und Action für Kids gibt es nirgends so viel wie in Berlin. Vieles davon kostet keinen Cent, das freut die Eltern, und es bleibt noch was übrig für das eine oder andere Eis!**

Na klar! Kinder lieben die Großstadt. Spannende Museen und Abenteuerspielplätze gibt es so viele, dass man längst erwachsen ist, bis man alle kennengelernt hat. Und vor allem, Spaß und Spiel in der Stadt müssen nicht teuer sein. Das zeigen die vielen kostenlosen Kinder- und Straßenfeste oder die Mitmachveranstaltungen in Kultureinrichtungen. Ob Akrobatik üben im Kinderzirkus oder planschen im Park, eines kommt bei Ihnen und Ihren Kleinen gewiss nicht auf – Langeweile! Und wer zwischendrin Hunger bekommt, geht einfach günstig eine Pizza essen in einem Kindercafé (S. 125) oder zaubert aus der Picknicktasche Leckeres für das Essen auf der grünen Wiese des Kinderbauernhofs (S. 122). So wird ein Aufenthalt in Berlin garantiert auch für Ihren Nachwuchs ein unvergessliches Erlebnis und für Sie schön preiswert. Ein Glück!

ABENTEUER & ACTION
ABENTEUER MUSEUM
Der böse Wolf ist eigentlich nur ein Horn, jedenfalls im Stück „Peter und der Wolf" von Sergei Prokofjew. Im

MIT KINDERN

Musikinstrumentenmuseum können Kleine spielerisch das Stück erkunden und die Wirkung der Instrumente. Auch in fast allen staatlichen Museen finden regelmäßig Kinderführungen und Workshops für wenig Geld statt. Die Betreuer haben eine musische, kunsthistorische und pädagogische Vorbildung und schaffen es, Kinder für die Ausstellungen zu begeistern. Aktuelles Programm im Internet. *Kosten 3–5 Euro | Ben-Gurion-Straße | Tel. 266 42 42 42 | www.museumsportal-berlin.de | U-/S-Bahn Potsdamer Platz | Tiergarten*

ABENTEUERSPIELPLATZ
KOLLE 37 🐷   [145 D4]
Rabauken im Paradies: Hier bauen Kinder ihr Traumhaus oder streicheln Kaninchen, und im Sommer flackert ein fröhliches Lagerfeuer, das alles bei freiem Eintritt. Bei Regen können Kinder in der Tischlerei werken, Körbe flechten lernen und sogar schmieden. Geeignet für Kinder von 6–14 Jahren. Es gibt aber auch einen Kleinkinderbereich. *Eintritt frei | Mo–Fr 12–19, Sa 13–18 Uhr | Kollwitzstr. 35–37 | Tel. 442 81 22 | www.kolle37.de | U 2 Senefelderplatz | Prenzlauer Berg*

CABUWAZI   [152 A3]
Jonglieren lernen ist ganz leicht: Im Zirkuszelt des Berliner Kinderzirkus-Projekts dürfen nicht nur Berliner Kinder mitmachen, sondern alle, die Lust dazu haben. Beim Jonglieren, Diabolo werfen und Seiltanzen wäh-

rend des 🐷 offenen Trainings *(Teil-nahme kostenlos, ab 9 Jahre, Di, Mi 15–18 Uhr)* haben die Kleinen garantiert jede Menge Spaß. Weitere Termine und Veranstaltungen im Internet abfragen. *Bouchéstr. 74 | Tel. 60 96 95 63 | www.cabuwazi.de | S 8, 9, 41, 42 Treptower Park | Treptow*

FREIZEITPARK TEGEL 🐟 [0]

Planschen und andere nass spritzen – in der heißen Jahreszeit wollen Kinder am liebsten im Wasser tollen. Ein Wasserspielplatz am Nordostufer des Tegeler Sees bringt Ihre Kleinen bestens auf Trab. Dort gibt es auch eine Seilbahn, Schaukeln und nebenan jede Menge Wiese zum Toben oder Federball spielen. Schläger können Sie ausleihen. Wer hungrig wird, kann sich am Imbiss auf dem Gelände mit Pommes und Würstchen eindecken. *Eintritt frei | Mai–Sept. 8–17 Uhr | Campestr. 11 | Tel. 434 66 66 | U 6 Alt-Tegel | Tegel*

JUGENDFARM IM MAUERPARK 🐷 [145 D4]

Ponys, Schweine, Schafe und jede Menge Kaninchen geben den Ton an, während Kinder hier lernen auszumisten. In der angrenzenden Werkstatt darf man töpfern, schmieden oder filzen. Gleich gegenüber befindet sich das Café Niesen, in dem Eltern in Ruhe Zeitung lesen können und Kaffee trinken, während der Nachwuchs die Ziegen kämmt. *Eintritt frei | Mo–Fr 11.30–18, Sa 13–18, März–Aug. bis 18.30, Tierfütterung um 17 (im Sommer 17.30) Uhr | Schwedter Str. 90 | Tel. 44 02 42 20 | www.jugend farm-moritzhof.de | U-/S-Bahn Schön-hauser Allee | Prenzlauer Berg*

KINDERBAD MONBIJOU [139 D1]

Das Gejuchze der kleinen Schwimmer spricht für sich – hier zeigt sich Berlin von seiner kinderfreundlichsten Seite. Mitten im Touristen-Bermudadreieck genießen Kinder im eigenen Schwimmbad den Sommer. Die Becken sind höchstens 1,30 m tief, der geringe Eintritt verlockt zum mehrfachen Besuch. Wer älter als 15 ist, muss draußen bleiben, sofern er oder sie nicht ein Kind begleitet. *Eintritt 5,50, erm. 3,50, 9 Euro für 3 Pers., davon mind. ein Erwachse-ner und ein Kind | Mai–Sept. Mo–Fr 11–19, Sa, So 10–19 Uhr | Oranien-burger Str. 78 | Tel. 282 86 52 | www. berlinerbaederbetriebe.de | S 1, 2, 25 Oranienburger Straße | Mitte*

DIE NISCHE [152 B3]

Der Name ist Programm: Zwischen Fernbahngleisen und Rudolfplatz hält sich wacker ein kleiner Abenteuerspielplatz mit Baumhaus, afrikanischer Lehmhütte, indianischer Klanghütte zum Musizieren sowie kleinem Streichelzoo mit Ziegen, Kaninchen und Frettchen. Der Grillplatz mit Bank und Tisch wird gern für Kindergeburtstage reserviert. Trommelworkshops, Töpfern, Tanz und Hausaufgabenbetreuung gehören zum Programm des Jugend- und Kinderfreizeithauses. *Eintritt frei | Mo– Sa 12–19 Uhr | Am Rudolfplatz 17 | Tel. 29 66 69 02 | U-/S-Bahn Warschauer Straße | Friedrichshain*

ÖKOINSEL [0]

Ein Ausflug in die Natur lohnt sich auch in der Stadt: Ein kleines Tropenhaus, Arznei- und Gemüsegarten sowie Bienenstöcke und ein Lehmbackofen bringen Spaß auf dem Gelände des Freizeit- und Erholungszentrums (FEZ), Europas größtem Kinder- und Jugendzentrum. Kinder und Eltern erfahren eine Menge über Insekten, Imkerei, tropische Pflan-

Cabuwazi bringt Kindern Jonglieren oder die Kunst des Diabolowerfens bei

zen, Brotbacken und Naturheilkunde. Oder wie wäre es mit Papierschöpfen? *Eintritt frei | März–Okt. Mi, Do 14–16 Uhr (außer Sommerferien) | An der Wuhlheide 197 | Tel. 53 07 14 47 | www.fez-berlin.de | S 3 Wuhlheide | Köpenick*

PARKEISENBAHN [0]

Ihre Kids wollen später mal Lokomotivführer werden? In der Wuhlheide, Berlins 166 ha großer grüner Lunge, gibt es eine Parkeisenbahn mit echten Waggons und Dampf-Lokomotive! Schaffner, Schrankenwärter und sogar Zugführer sind Kinder, die zuvor in Kursen dafür ausgebildet wurden. Man kann eine Rundfahrt machen oder nur ein paar Stationen fahren. *Rundtour 4 Euro, Kinder bis 14 Jahre 2,50 Euro, Kurzstrecke 3 Euro, Kinder 2 Euro | April–Okt., Fahrzeiten tel. erfragen | An der Wuhlheide | Tel. 53 89 26 60 | www.parkeisenbahn.de | S 3 Wuhlheide | Köpenick*

WALDSPIELPLÄTZE

Insider Tipp

Mitten im Wald rutschen oder Seilbahn fahren kann man auf dem Waldspielplatz am Schildhorn im Grunewald. Die Spielgeräte sind aus Naturmaterialien gestaltet: Hölzerne Spielschiffe, Kletterspinnen und Rutschentürme passen sich prima in die Umgebung ein und versüßen Kindern den Waldspaziergang. Tische und Bänke laden zum Picknicken ein, z. B. auch in Hermsdorf am Ende der Schulzendorfer Straße, außerdem in der Nähe des Müggelsees, Zufahrt über Müggelseedamm, Jagen 309. Wo sich weitere Waldspielplätze befinden, erfährt man beim Landesforstamt unter der *Tel. 64 19 37 30. Eintritt frei*

ESSEN & TRINKEN

CHARLOTTCHEN [147 D5]

Berühmt kinderfreundlich und günstig dazu! Saft oder Limo für die Kleinen kostet hier nur 1 Euro (0,1 l), und wenn Sie mal ohne die Gören entspannen wollen, schicken Sie sie einfach für ein Weilchen nach nebenan ins Tobezimmer. Am liebsten schauen sich die Kinder aber eines der Theaterstücke an, die mehrmals wöchentlich im benachbarten Bühnenraum gezeigt werden. *Mo–Fr ab 15, Sa, So ab 10 Uhr | Droysenstr. 1 | Tel. 324 47 17 | www.mosaik-services.de | S 5, 7, 8, 75 Charlottenburg | Charlottenburg*

LA PAUSA [144 B4]

Die hervorragende Pizza bei gleichzeitig sehr gutem Preis-Leistungs-Verhältnis (ab 2,20 Euro!) führt Erwachsene mit Kindern regelmäßig hierher. Wer seine Pizza vor Ort essen möchte, nimmt auf einem der Fenstersitze Platz und schaut sich beim Essen das quirlige Treiben auf der Kreuzung an. Superangebot: Das Kindermenü mit Pizza, Getränk und Überraschung nach Wahl kostet nur 4,50 Euro! Sehr freundlicher Service. *Mo–Sa 11–0, So 12–0 Uhr | Torstr. 125 | Tel. 24 08 31 08 | U 8 Rosenthaler Platz | Mitte*

Insider Tipp

STEINECKE [144 A4]

Ein kleiner Spielbereich erfreut Kinder im Café Steinecke. Günstig bestellt man sich in Selbstbedienung Saft (1,50 Euro), Kaffee (2 Euro) und Kuchen (ca. 1,50 Euro) und kann in der Spielbäckerei prima verweilen und die Kids Stoffbrot backen lassen. Ideal im Sommer nach einer Wasserschlacht in der neue Plansche oder dem Besuch des tollen Leuchtturmspielplatzes gegenüber. *Mo–Fr 6–20, Sa 6.30–18, So 7–16 Uhr | Elisabeth-Schwarzhaupt-Platz 1 | S 1, 2, 25 Nordbahnhof | Mitte*

KULTUR FÜR KINDER

DEUTSCHES TECHNIKMUSEUM [142 C2]

Wie entsteht eigentlich Papier, und warum gehen Schiffe nicht unter? Diese und tausend andere Fragen klärt die spannende Sammlung des Technikmuseums, eines der größten der Welt! Beeindruckend ist auch die Flugzeugabteilung mit vielen echten Fliegern, und für Bahnfans ist der riesige Lokschuppen mit alten Zügen ein Hit. Sie dürfen sogar einsteigen und wie zu alten Zeiten Platz nehmen. *Eintritt 8 Euro, erm. 4 Euro, ab 15 Uhr Eintritt frei für Kinder u. Schüler | Di–Fr 9–17.30, Sa, So 10–18 Uhr | Trebbiner Str. 9 | Tel. 90 25 40 | www.sdtb.de | U 1 Gleisdreieck | Kreuzberg*

JUGENDMUSEUM SCHÖNEBERG [156 C4]

27 aufgeklappte Wunderkisten mit Dingen der Alltagskultur und zur Geschichte Berlins regen an, Fragen zu stellen, auf die Kinder sonst vielleicht nicht gekommen wären. Was zum Beispiel ist eine Lumpenpuppe, und wieso opferten die Germanen Tiere, um die Götter gnädig zu stimmen? Prima, um sein Wissen zu erweitern. *Eintritt frei | Mo–Do, Sa, So 14–18,*

KULISSENFÜHRUNG
DEUTSCHE OPER   [147 E3]

Gehen Sie doch mal mit Ihren Kinder nicht in die Oper, sondern hinter die Oper: Wer wissen will, wie es auf einer Bühne aussieht, sollte an einer Familienführung durch die bühnentechnischen Werkstätten, die Bühne und das Bühnenbildmagazin der Deutschen Oper in Charlottenburg teilnehmen. Die kindgerecht aufbe-reitete Tour wird an ausgewählten Samstagnachmittagen angeboten und dauert 60 Minuten (für Kinder ab 6 Jahre). *Teilnahme 5 Euro | Termine im Internet unter Familienführung | Bismarckstr. 35 | Tel. 343 84 01 | www.deutscheoperberlin.de | U 2 Deutsche Oper | Charlottenburg*

LABYRINTH KINDERMUSEUM   [0]

Spielen in einer ehemaligen Zigarettenfabrik, und dabei noch etwas lernen: Wechselnde Ausstellungen zu Themen wie Anderssein, Groß und Klein oder Weltkulturen lassen die

CLEVER!

> **Kostenlose Audiostadtführung für Jugendliche**

Für Teenager ab 14 und auch für geschichtlich interessierte Erwachsene ein absoluter Geheimtipp, um wirklich Leib und Seele unserer Hauptstadt kennenzulernen; gratis, versteht sich! Fernab jeglicher Touri-Hotspots führt die Hörbuchreise „Hörpol" durch die Straßen Berlins, entlang der Spree, in Hinterhöfe hinein und erzählt spannende Geschichten zu genau den Orten. Was passierte hier vor 80 Jahren? Wer wohnte dort drüben in der Ruine? Wen brachte man hier um? Unterfüttert werden die original Zeitzeugen-Berichte (mit Gänsehaut-Faktor!) und die von Schauspielern und Moderatoren eingesprochenen Texte von den Rock- und HipHop-Klängen Berliner Bands. „Hörpol" funktioniert ganz einfach: Straßenkarte ausdrucken und die Tracks im MP3-Format auf sein Handy laden, Kopfhörer rein, und los geht's! Alle Infos, die Straßenkarte und Downloads unter: *www.hörpol.de.*

Stunden für die Kleinen wie im Flug vergehen. Anfassen und (be)greifen ist ausdrücklich erlaubt. Hier können Sie Ihre Kinder (ab ca. 7 Jahren) auch prima alleine lassen, es ist genügend Aufsichtspersonal da. Achtung: Stoppersocken mitbringen. *Eintritt 6,50 Euro, Do (Okt.–April) und Fr 5,50 Euro, Familien (bis zu 6 Pers., max. 2 Erw.) 19 Euro | Fr, Sa 13–18, So/Fei 11–18 Uhr, in den Berliner Schulferien Mo–Fr 9–18, Sa 13–18, So/Fei 11–18 Uhr | Osloer Str. 12 | Tel. 800 93 11 50 | www. labyrinth-kindermuseum.de | U 8 Pankstraße | Wedding*

MÄRCHENHÜTTE [139 D1]

Rotkäppchen, Rapunzel und Rosenrot erwachen hier am Rande des Monbijouparks auf zauberhafte Weise zu neuem Leben. In einer urigen Holzkate, die vorher in einem polnischen Wald stand, werden Kinder (ab 4 Jahren) in kurzweiligen Vorstellungen in die Märchenwelt entführt. Die Aufführungen finden nur im Winter statt, wenn ein lustiges Feuer im Ofen das Häuschen, das auf einem Bunker steht, erwärmt. Um 10 Uhr kostet die Vorstellung für alle nur 5 Euro! *Eintritt 9 Euro, Kinder 5 Euro | Nov.–Feb. | Monbijoustr. | Tel. 288 86 69 99 | www.maerchen huette.de | S 1, 2, 25 Oranienburger Straße | Mitte*

MÄRKISCHES MUSEUM [151 D3]

Freiwillig die Schulbank drücken? Im historischen Klassenzimmer dürfen Sie nachsitzen und sogar mit einem Gänsekiel schreiben. Kinder finden auch die alten Schiefertafeln und Ranzen exotisch. Die Sammlung „Kindheit und Jugend" befindet sich im Märkischen Museum (S. 25), dem Heimatmuseum Berlins. Das hält auch noch jede Menge anderer spannender Ausstellungsstücke bereit: etwa Stadtmodelle der alten Doppelstadt Berlin-Cölln. Im Automatophone-Raum werden jeden Sonntag um 15 Uhr mechanische Musikinstrumente vorgeführt und erläutert. Spannendes über die natürliche Umgebung Berlins und ihre tierischen Bewohner erfährt man in der Ausstellung „Frag deine Stadt!", u. a. lernt man hier den Pupsfisch kennen.

MUSEUMSDORF DÜPPEL [0] Insider Tipp

Eine Zeitreise ins Mittelalter – und dann auch noch 🐷 umsonst für alle unter 18 Jahren! Während man durch die lehmigen Wege durch das Dorf streicht, einem der Geruch von Feuer und Torf in die Nase steigt, erlebt man an Haut und Haaren, wie sich das Leben früher angefühlt haben muss. Führungen, Veranstaltungen, Tiere und mittelalterliche Spiele machen dabei den Besuch im Mittelalter zum Höhepunkt einer Berlin-Reise!

Eintritt Erwachsene 3,50 Euro, Kinder bis 18 Jahre frei | März–Okt. Sa, So und an Feiertagen 10–18 Uhr | Clauertstr. 11 | Tel. 802 66 71 | www. dueppel.de | Bus 118 oder 622 Clauertstraße | Zehlendorf

Im Aufschnitt Berlin darf's gerne etwas mehr sein

MIT KINDERN

SCIENCE CENTER 🐷 [149 F4]

Wie fühlt es sich an, wenn man gelähmt im Rollstuhl sitzt, und was leistet unser Gehirn, während wir einen Stift auffangen? Solche und ähnliche Fragen lassen sich im neuen Science Center des Medizintechnikunternehmens Otto Bock am Potsdamer Platz klären. An den vielen interaktiven Stationen haben nicht nur technikaffine Kids ihren Spaß. *Eintritt frei | Do–So 10–18 Uhr | Ebertstr. 15 A | Tel. 398 20 60 | www.sciencecenterberlin.com | U-/S-Bahn Potsdamer Platz | Mitte*

SHOPPING

AUFSCHNITT BERLIN [152 C2]

Insider Tipp

Definitiv der allerbeste Laden, in dem Sie und Ihre Kinder je waren: In Berlins erster Textilmetzgerei (auch weltweit die erste!) sieht zwar alles aus wie beim Fleischer, ist aber aus Stoff! Salamis, Schinken, Blutwurst und Co. sind alle liebevoll handgenäht und funktionieren als Deko-Objekte, Sitzsäcke, Nackenrollen oder sogar Stillkissen. Für nur 7,50 Euro kriegt man hier das sicher originellste Mitbringsel der Welt: eine Miniwurst zum Anstecken! Ha! Die Gründerin Silvia Wald ist übrigens Vegetarierin. *Mi–Fr 11–19, Sa 12–18 Uhr | Boxhagener Str. 32 | Tel. 63 37 15 48 | www.aufschnitt.net | U 5 Samariterstraße | Friedrichshain*

DORNRÖSCHEN [145 D1]

Im Souterrain wandern Mütter mit Kindern nach Herzenslust an üppig beladenen Kleiderstangen mit gebrauchter Kinder-, Schwangeren- und Damenmode entlang oder decken sich günstig mit gut erhaltenen Schuhen ein. Auch herrlich altmodische Kinderwagen gibt's hier. *Mo–Fr 11–19, Sa 12–16 Uhr | Schönhauser Allee 64 | Tel. 47 08 07 31 | U-/S-Bahn Schönhauser Allee | Prenzlauer Berg*

FRAUEN UND KINDER ZUERST [145 D3]

Kein Rettungsboot, aber manchmal Hilfe in letzter Not, wenn mal wieder das Lätzchen vergessen wurde oder die Windelhose plötzlich kneift. Die Auswahl an Kinder-Secondhandmode ist zwar nicht riesig, dafür sind die einzelnen Kleidungsstücke und Accessoires in einem Top-Zustand und äußerst hübsch präsentiert. Männer dürfen auch stöbern. *Mo 14–19, Di–Fr 11–19, Sa 11–16 Uhr | Kollwitzstr. 92 | Tel. 75 56 85 64 | M 10 Husemannstraße | Prenzlauer Berg*

HILLY'S [145 D4]

Strampler für 3, eine Reitkappe für 12 Euro – der Laden glänzt mit einer üppigen Auswahl, von H&M bis Gucci ist alles vorhanden, was Kind so braucht. Auch Schaukelpferde und Kinderwagen sind hier keine Ladenhüter. Für Schnäppchenjäger eine wahre Fundgrube. Der Abenteuerspielplatz Kolle 37 (S. 121) ist gleich nebenan, sollten ihre Kinder mal keine Lust haben mitzustöbern. *Mo–Sa 11–19 Uhr | Kollwitzstr. 39 | Tel. 44 32 86 71 | U 2 Senefelderplatz | Prenzlauer Berg*

LUMPENPRINZESSIN [156 C3]

Kleine Kunden sind König und Königin, und die Lumpen finden hier höchstens in einer der vielen Märchenbücher zum Schnäppchenpreis (ab 1 Euro) Erwähnung. Die Kinderkleidung ist gut erhalten, viele Markenstrampler und Holzspielzeug warten auf neue Besitzer. Auch Hochstühle, Kinderwagen und Autositze gibt's in großer Auswahl. In der Filiale in der Barbarossastraße 61 (Schöneberg) kleiden sich größere Kinder und Jugendliche günstig mit Klamotten aus zweiter Hand ein,

CLEVER!

> *Familienentspannung für lau*

Ewig durch die Stadt wandern, Sightseeing, U-Bahn-Fahren – das ist zwar erst mal ganz toll, wenn man noch nie in Berlin war, macht aber auch hundemüde. Auch den Geldbeutel will man doch bitte ein paar Stunden zumindest nicht herausnehmen müssen. Für genau solche Momente gibt's in der Hauptstadt die perfekte Lösung: die Alte Schmiede. In der Jugend- und Begegnungsstätte kann man mit Sack und Pack jeden Tag ab 10 Uhr aufschlagen und gemüt-lich im Familiencafé abhängen und selbst gebackenen Kuchen essen, während die Kids sich im Garten oder „Bewegungsraum" austoben. Der Clou ist der Bastelnachmittag jeden Dienstag, bei dem nur auf Spendenbasis je nach Saison Passendes (z. B. Weihnachtsgeschenke oder Faschingsmasken) gebastelt wird. *Eintritt frei | Mo–Do 10–18, Fr 10–12 Uhr | Spittastr. 40 | Tel. 57 79 79 90 | www.sozdia.de | S 3 Rummelsburg | Lichtenberg*

z.B. mit Hosen ab 5 Euro. *Mo–Fr 10.30–18.30, Sa 11–15 Uhr | Kyffhäuserstr. 19 | Tel. 23 63 18 88 | www.lumpenprinzessin.de | U 7 Eisenacher Straße | Schöneberg*

PUSTEBLUME [0]
Insider Tipp

Ihr Kinderwagen ist kaputt, oder Sie brauchen auf die Schnelle einen Autositz? Für wenig Geld können Sie in diesem Secondhandladen das Gewünschte mieten oder reparieren lassen. Und für Faschingsfans ist dieser Laden sowieso das Paradies. Über 200 Kinderkostüme werden ebenfalls für schlappe 5 Euro pro Woche ausgeliehen. Vielleicht finden Sie nebenbei ja auch noch eine hübsche Latzhose für 2,50 Euro oder einen Strampler für 2 Euro. *Mo–Fr 9–18.30 Uhr | Paul-Robeson-Str. 3 | Tel. 44 71 59 07 | www.pusteblume-kinder secondhand.de | U-/S-Bahn Schönhauser Allee | Prenzlauer Berg*

RAUSCH SCHOKOLADENKAUFHAUS [138 C4]

Der Laden am Gendarmenmarkt ist das größte Schokoladenkaufhaus der Welt! Schon ein Schaufensterbummel macht hier Appetit: Das Brandenburger Tor, der Reichstag und der Fernsehturm sind aus Schokolade nachgebaut. Drinnen gibt es noch mehr Schoko-Kunstwerke (🐷 Besichtigung kostenlos), zudem fließt aus einer Art Minivulkan ohne Unterlass glänzende, flüssige Schokolade. Naschkatzen wollen natürlich auch mal probieren. Kleine Täfelchen gibt's schon ab 15 Cent! *| tgl. 11–20 Uhr | Charlottenstr. 60 | Tel. 20 45 84 43 | www.fassbender-rausch.de | U 2, 6 Stadtmitte | Mitte*

STEIFF IN BERLIN [137 D4]

Mit einem Streifzug durch die riesige Auswahl an Plüschtieren im Laden der berühmten Stofftierfirma tauchen Sie in eine faszinierende Welt ein. Niedliche Teddys tummeln sich auf den Regalen, Affen schwingen sich von Ständer zu Ständer, aber auch Sammlerstücke in limitierter Auflage lassen Eltern und Kinder staunen. Erfinderin des Teddys ist die Schwäbin Margarete Steiff, die ihr Unternehmen 1880 gründete. Sie benannte den Bären nach Teddy Roosevelt, dem damaligen US-amerikanischen Präsidenten. *Mo–Fr 10–20, Sa 10–19 Uhr | Kurfürstendamm 220 | Tel. 88 62 50 06 | www.steiff.com | U 9 Kurfürstendamm | Charlottenburg*

KARTENLEGENDE

Autobahn Motorway (Freeway)		Autoroute Autostrada
Vierspurige Straße Road with four lanes		Route à quatre voies Strada a quattro corsie
Bundes- / Fernstraße Federal / trunk road		Route fédérale / nationale Strada statale / di grande comunicazione
Hauptstraße Main road		Route principale Strada principale
Fußgängerzone - Einbahnstraße Pedestrian zone - One way road		Zone piétonne - Rue à sens unique Zona pedonale - Via a senso unico
Hauptbahn mit Bahnhof Main railway with station		Chemin de fer principal avec gare Ferrovia principale con stazione
U-Bahn Underground (railway)		Métro Metropolitana
Buslinie - Straßenbahn Bus-route - Tramway		Ligne d'autocar - Tram Linea d'autobus - Tram
Information - Jugendherberge Information - Youth hostel		Information - Auberge de jeunesse Informazioni - Ostello della gioventù
Kirche - Sehenswerte Kirche Church - Church of interest		Église - Église remarquable Chiesa - Chiesa di notevole interesse
Synagoge - Moschee Synagogue - Mosque		Synagogue - Mosquée Sinagoga - Moschea
Polizeistation - Postamt Police station - Post office		Poste de police - Bureau de poste Posto di polizia - Ufficio postale
Krankenhaus Hospital		Hôpital Ospedale
Denkmal - Funk- oder Fernsehturm Monument - Radio or TV tower		Monument - Tour d'antennes Monumento - Pilone radio o TV
Theater - Taxistand Theatre - Taxi rank		Théâtre - Station taxi Teatro - Posteggio di tassì
Feuerwache - Schule Fire station - School		Poste de pompiers - École Guardia del fuoco - Scuola
Freibad - Hallenbad Open air - / Indoor swimming pool		Piscine en plein air - Piscine couverte Piscina all'aperto - Piscina coperta
Öffentliche Toilette - Ausflugslokal Public toilet - Restaurant		Toilette publique - Restaurant Gabinetto pubblico - Ristorante
Parkhaus - Parkplatz Indoor car park - Car park		Parking couvert - Parking Autosilo - Area di parcheggio

CITYATLAS
BERLIN

> Auf der nächsten Seite finden Sie eine *Übersichts-karte* mit den 10 wichtigsten Sehenswürdigkeiten

> Eine *Umgebungskarte* vom Großraum Berlin befindet sich auf den Seiten 160/161

> Das *Straßenregister* (ab Seite 162) enthält eine Aus-wahl der im Cityatlas dargestellten Straßen und Plätze

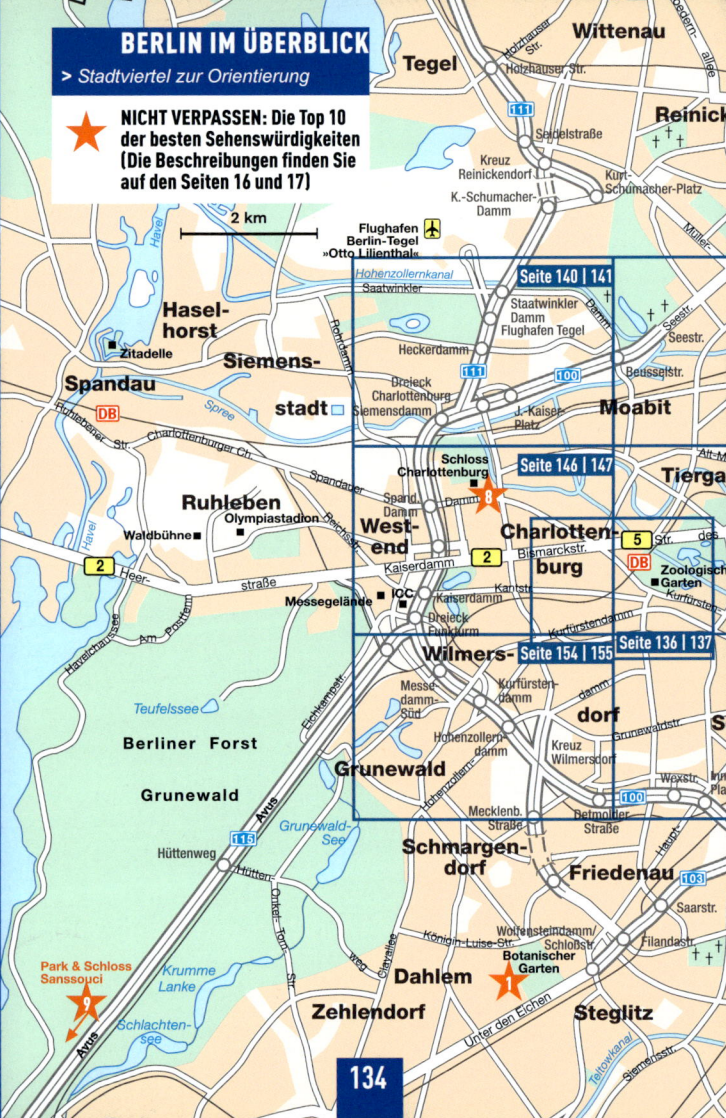

BERLIN IM ÜBERBLICK

> Stadtviertel zur Orientierung

NICHT VERPASSEN: Die Top 10 der besten Sehenswürdigkeiten (Die Beschreibungen finden Sie auf den Seiten 16 und 17)

2 km

Wittenau

Tegel

Reinick

Kreuz Reinickendorf

Kurt-Schumacher-Platz

K.-Schumacher-Damm

Flughafen Berlin-Tegel »Otto Lilienthal«

Haselhorst

Zitadelle

Spandau

Siemens-

stadt

Seite 140 / 141

Staatwinkler Damm Flughafen Tegel

Heckerdamm

Dreieck Charlottenburg Siemensdamm

J.-Kaiser-Platz

Moabit

Tiergar

Ruhleben

Schloss Charlottenburg

Seite 146 / 147

Olympiastadion

Waldbühne

West-end

Charlotten-

burg

Zoologische Garten

Messegelände

ICC

Kaiserdamm

Dreieck Funkturm

Wilmers-

Seite 154 / 155

Seite 136 / 137

Messedamm-Süd

Kurfürsten-damm

dorf

Berliner Forst

Teufelssee

Hohenzollern-damm

Kreuz Wilmersdorf

Grunewald

Mecklenb. Straße

Betonstor Straße

Hüttenweg

Grunewald-See

Schmargen-dorf

Friedenau

Park & Schloss Sanssouci

Krumme Lanke

Königin-Luise-Str.

Wolfensteindamm/ Schloss

Botanischer Garten

Saarstr.

Filandastr.

Schlachten-see

Dahlem

Zehlendorf

Unter den Eichen

Steglitz

134

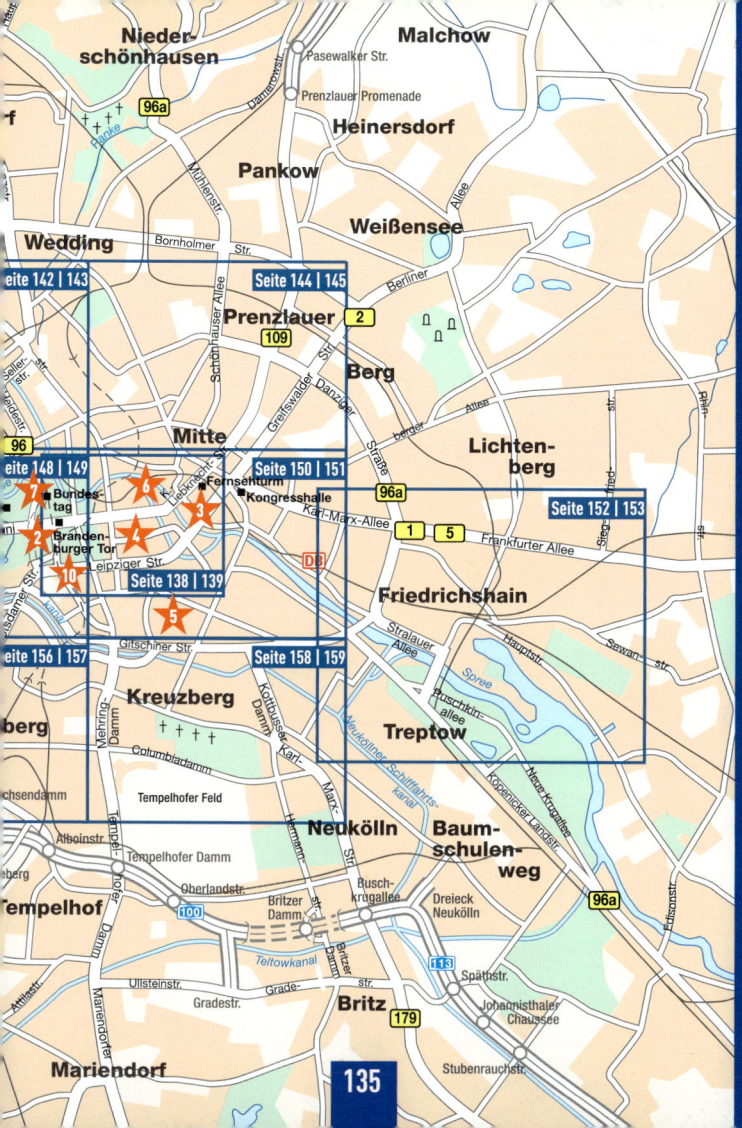

Niederschönhausen

Malchow

Pasewalker Str.

Prenzlauer Promenade

Heinersdorf

96a

Pankow

Weißensee

Wedding

Bornholmer Str.

Seite 142 | 143

Seite 144 | 145

Berliner

Prenzlauer

2

109

Berg

Lichtenberg

96

Mitte

eite 148 | 149

Seite 150 | 151

Fernsehturm

Kongresshalle

96a

Bundestag

Seite 152 | 153

Karl-Marx-Allee

1

5

Frankfurter Allee

Brandenburger Tor

Leipziger Str.

DB

10

Seite 138 | 139

Friedrichshain

5

eite 156 | 157

Gitschiner Str.

Seite 158 | 159

Stralauer

Allee

Spree

Kreuzberg

Buschkin-allee

Treptow

Mehring

Damm

Columbiadamm

Kottbusser

Damm

Karl-Marx-

Köpenicker Landstr.

Tempelhofer Feld

Neukölln

Baumschulenweg

Albrechtstr.

Tempelhofer Damm

Hermann

Str.

96a

Tempelhof

Oberlandstr.

Britzer Damm

Busch-krugallee

Dreieck Neukölln

100

Teltowkanal

113

Späthstr.

Ullsteinstr.

Gradestr.

Britzer Damm

Johannisthaler Chaussee

Britz

179

Mariendorf

Stubenrauchstr.

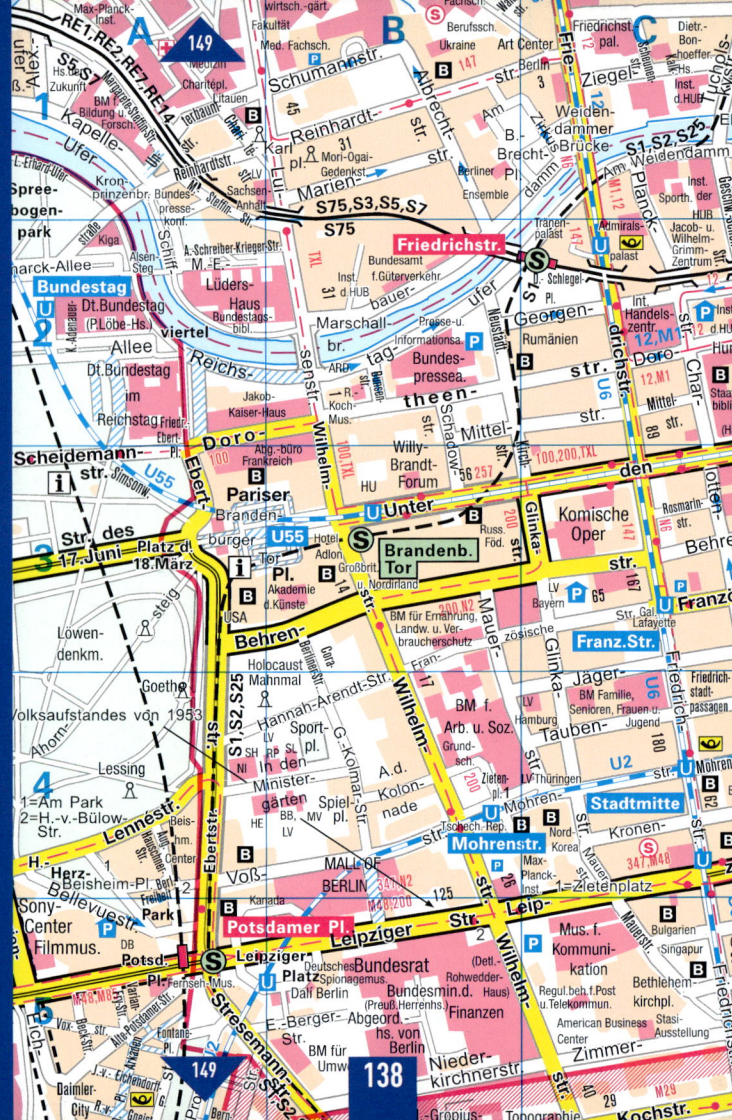

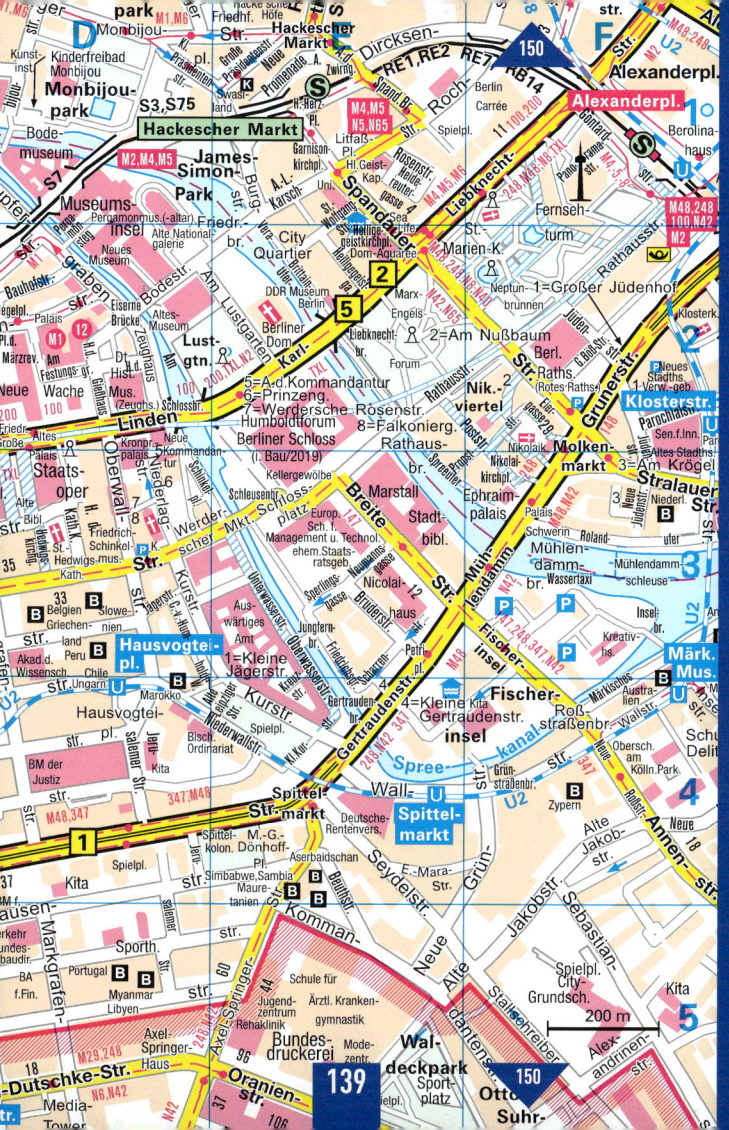

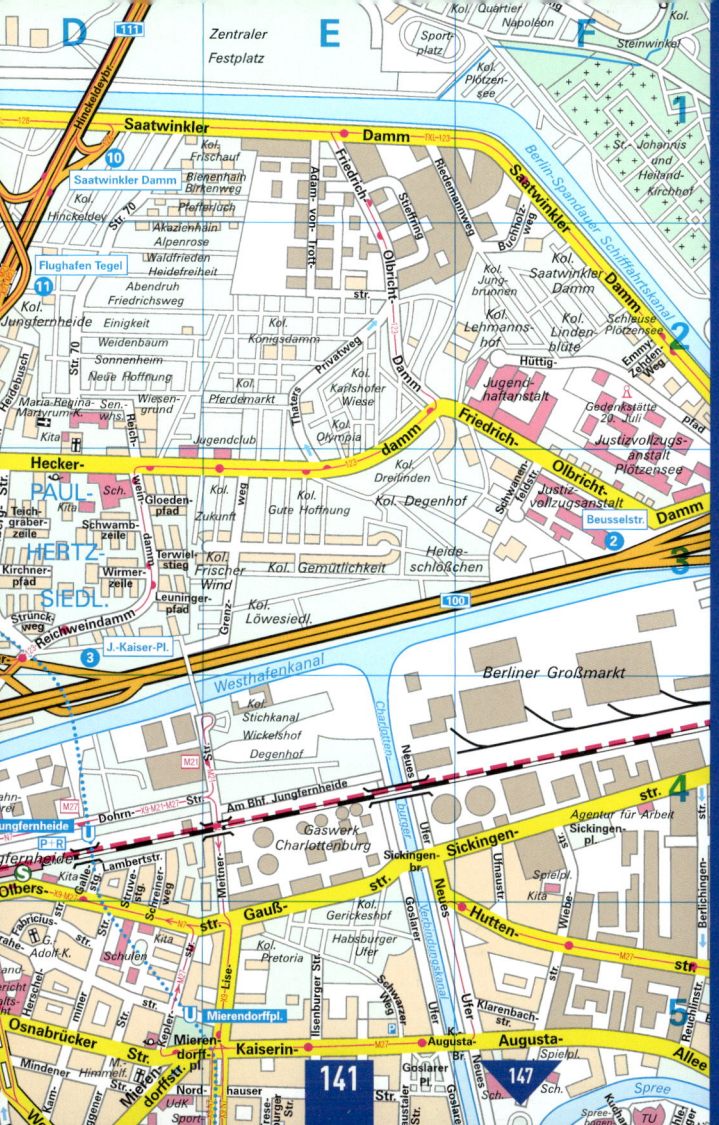

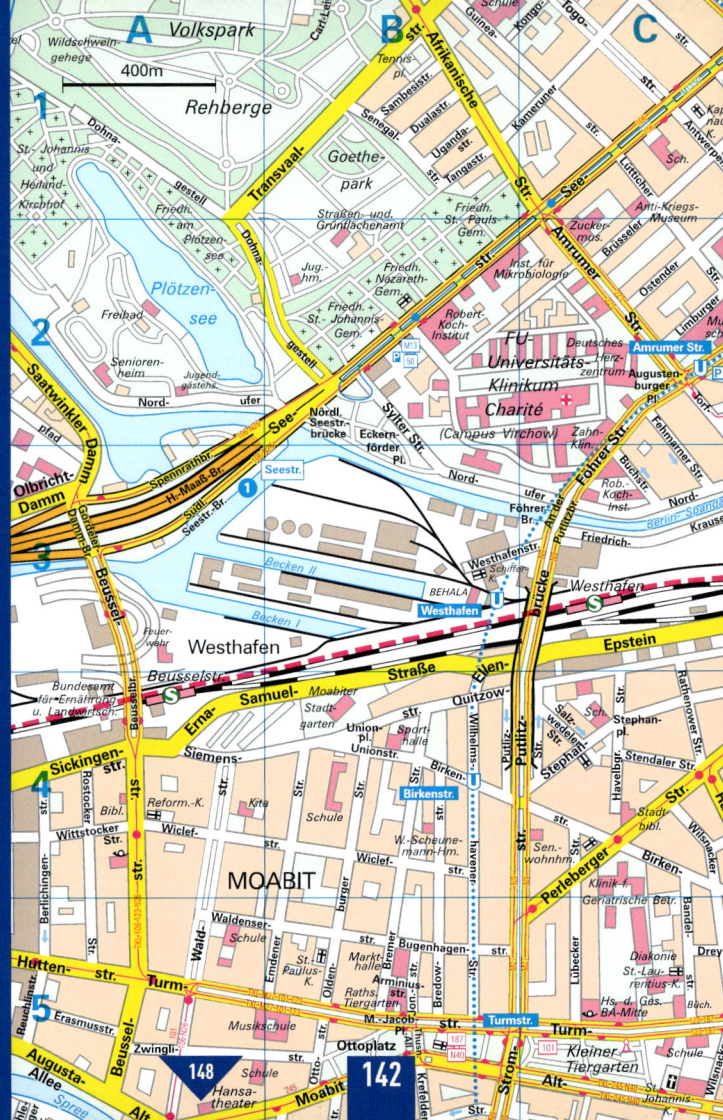

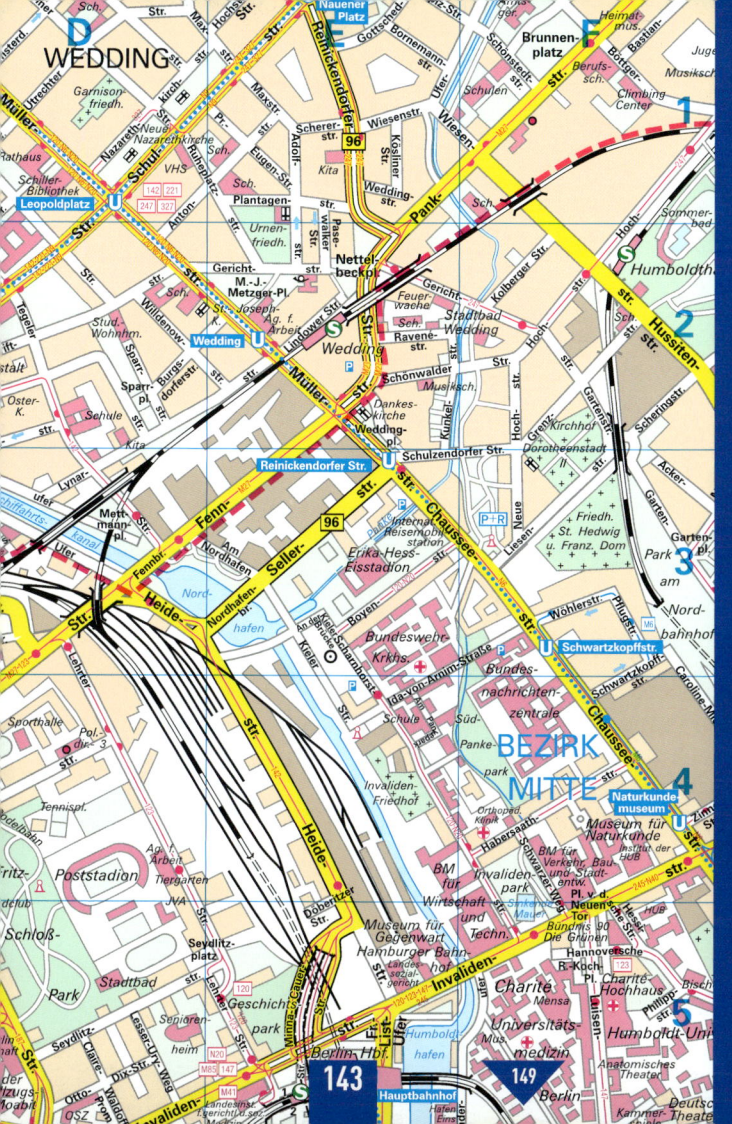

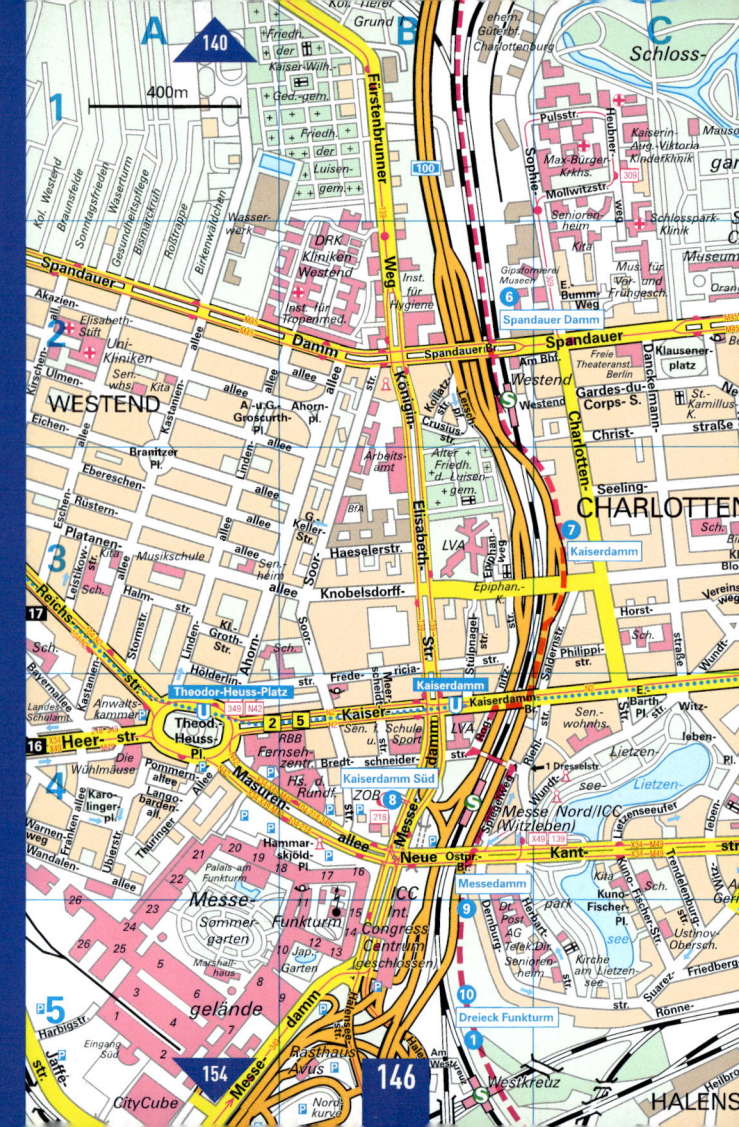

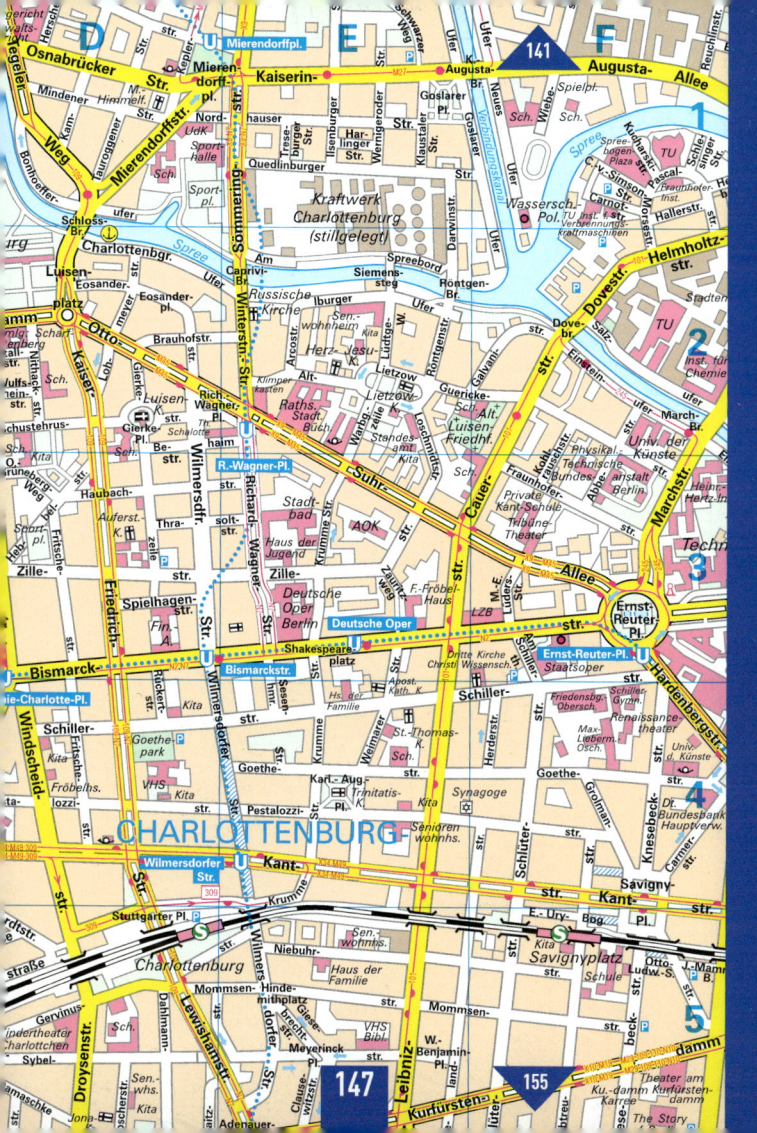

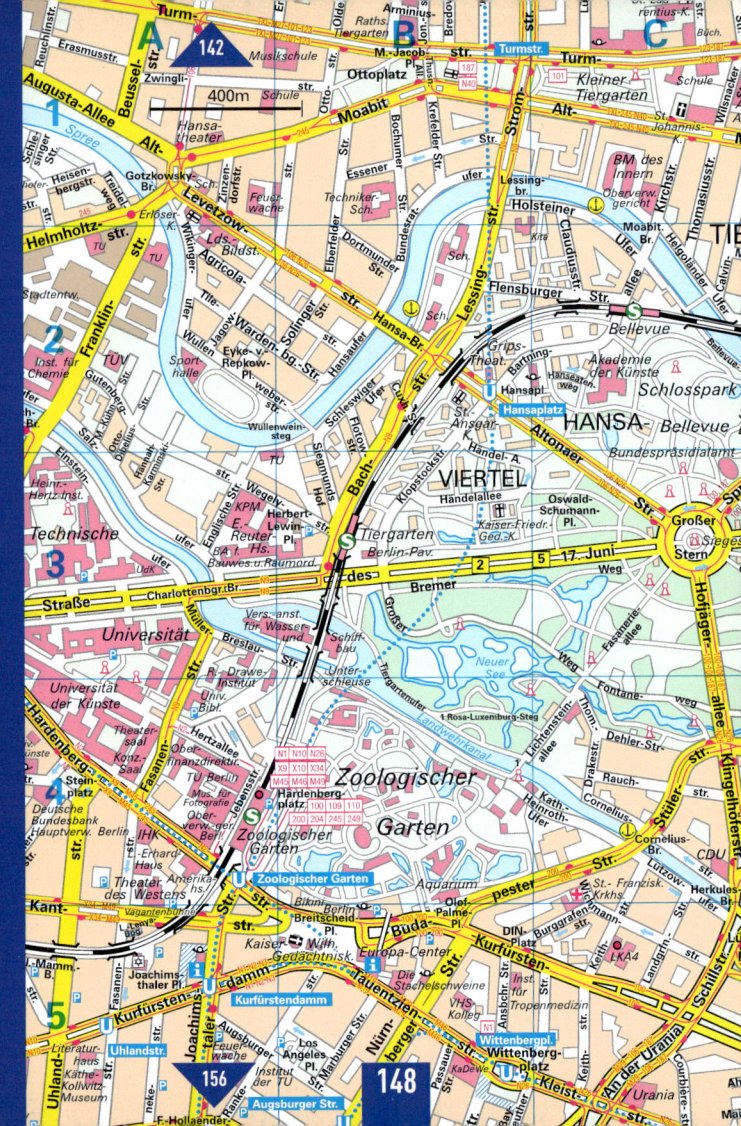

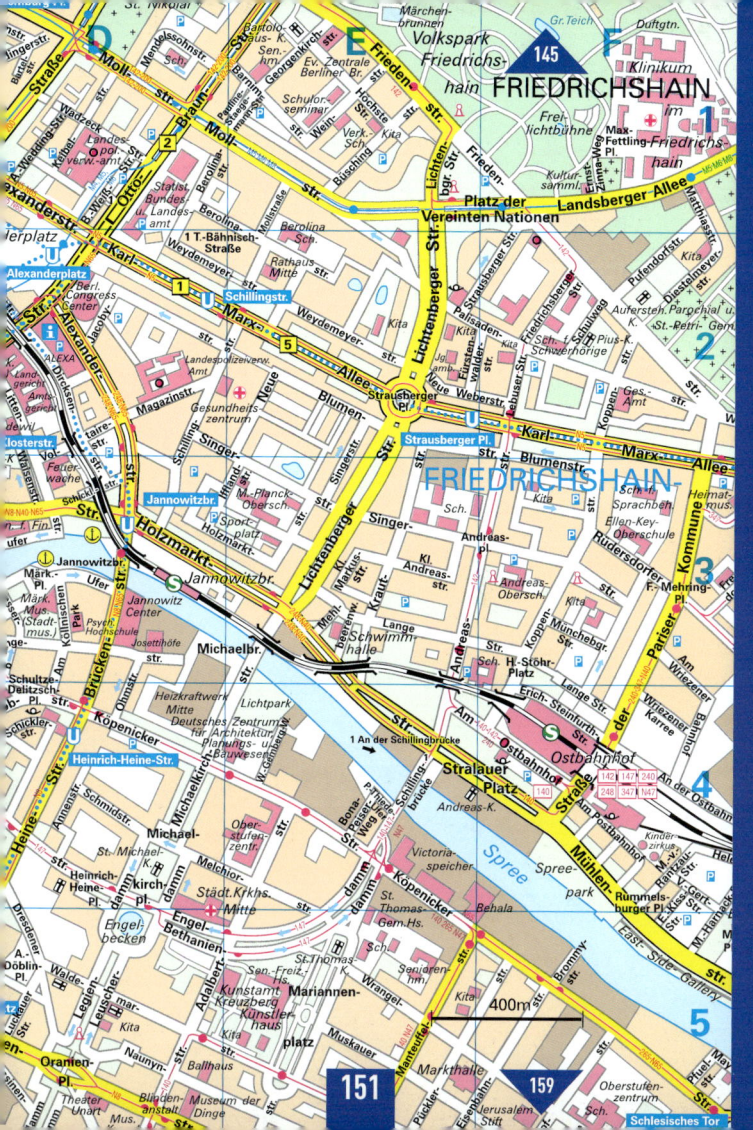

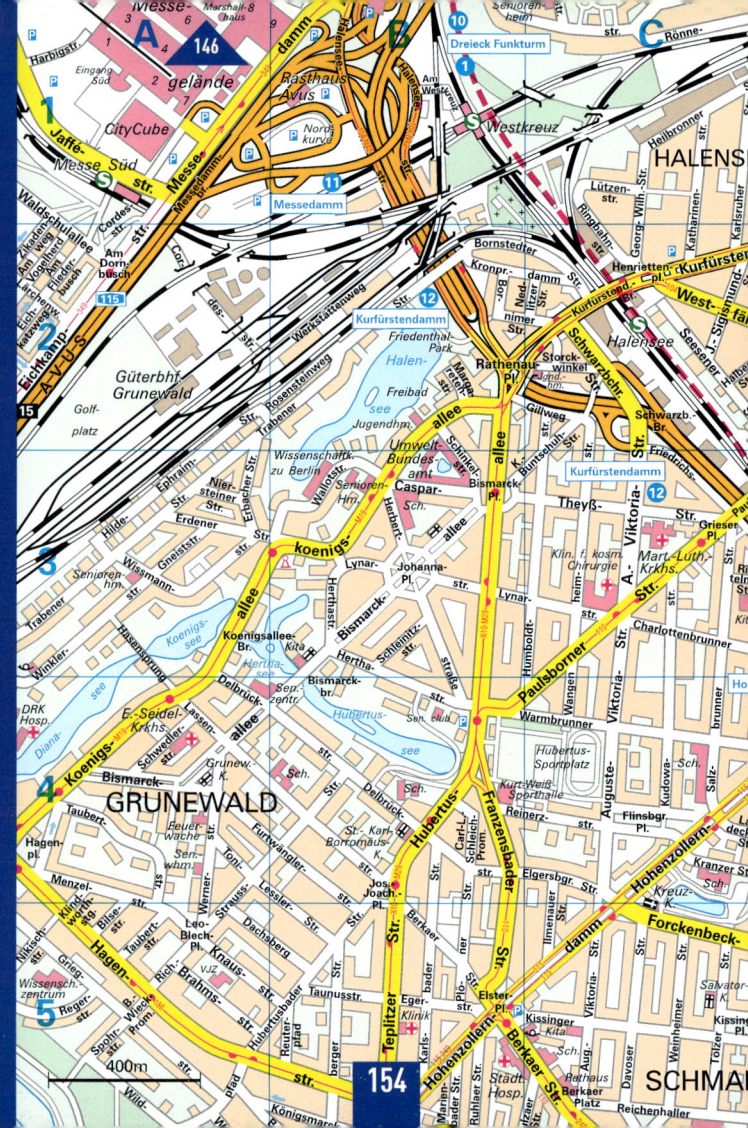

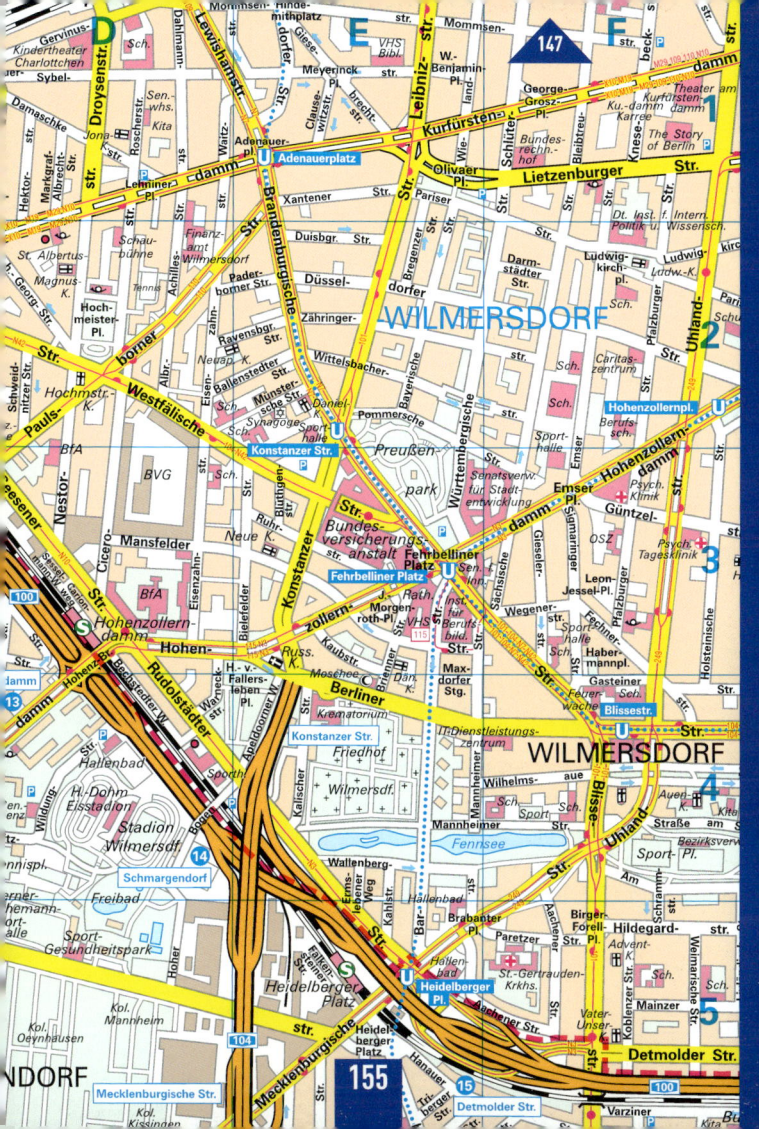

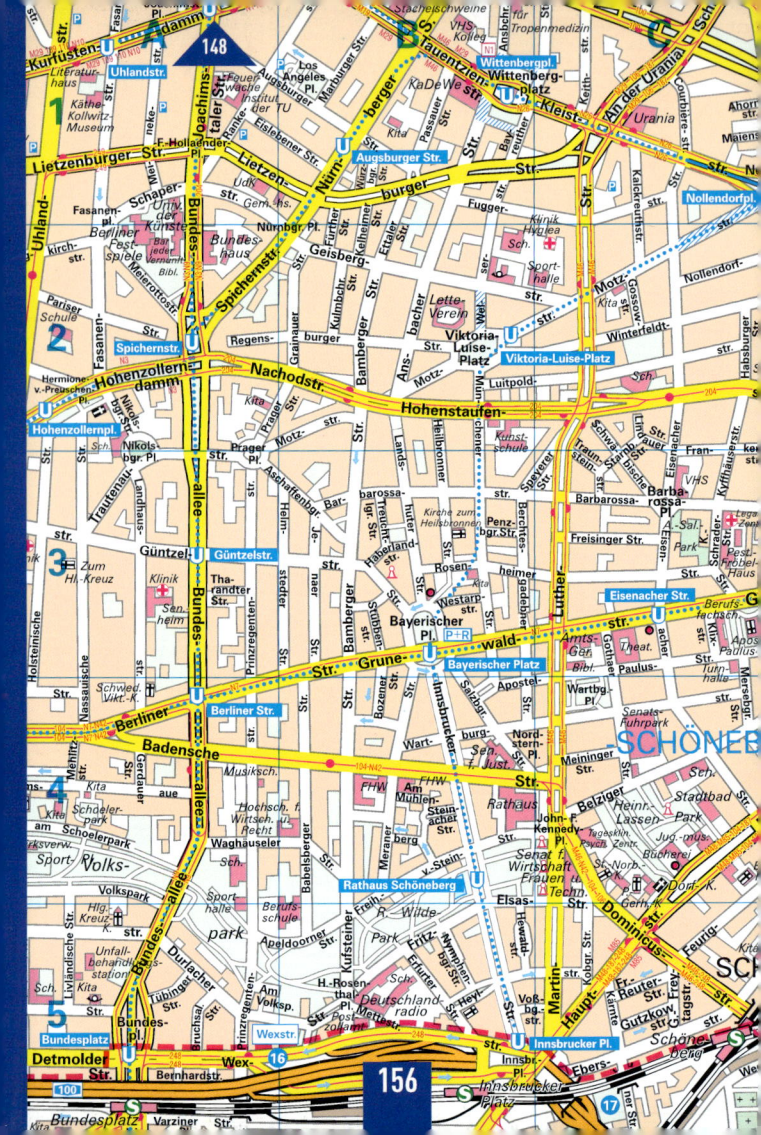

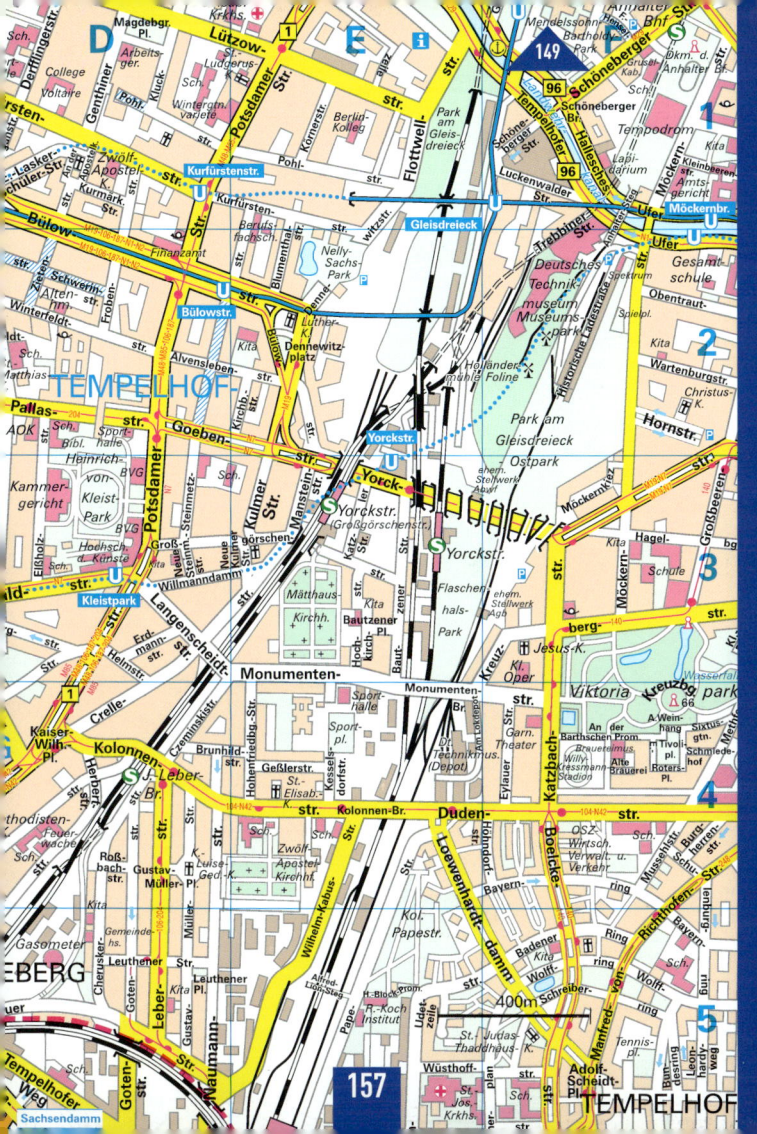

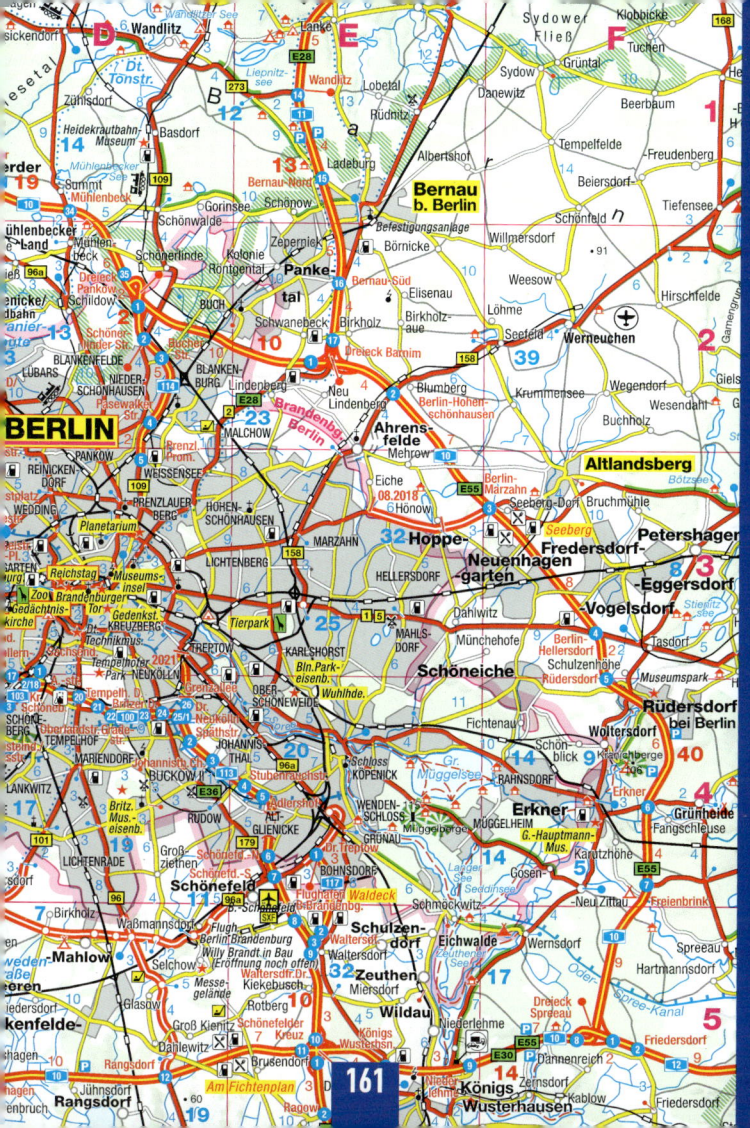

Das Register enthält eine Auswahl der im Cityatlas dargestellten Straßen und Plätze

A

Adalbertstraße 151/D5–159/D1
Adam-von-Trott-Straße 141/E1
Adenauerplatz 136/A5
Admiralstraße 159/D4
Afrikanische Straße 142/B1
Agricolastraße 148/A2
Ahornallee 146/A4
Akazienstraße 156/C3
Albertstraße 156/C4
Albrecht-Achilles-Straße 155/D2
Albrechtstraße 138/B1
Alexanderplatz 139/F1
Alexanderstraße 151/D1
Alexandrinenstraße 150/C5
Almstadtstraße 144/C5
Alte Jakobstraße 139/E5
Alte Schönhauser Straße 144/C5
Alt-Lietzow 147/E2
Alt-Moabit 142/A5
Altonaer Straße 148/B2
Alt-Stralau 152/C4
Alvenslebenstraße 157/D2
Am Friedrichshain 145/E5
Am Heidebusch 141/D2
Am Kupfergraben 138/C1
Am Lustgarten 150/B2
Am Nordhafen 143/E3
Am Oberbaum 152/B3
Am Ostbahnhof 151/E4
Am Postbahnhof 151/F4
Amrumer Straße 142/C2
Am Treptower Park 152/B4
Amtsgerichtsplatz 146/C4
Am Weidendamm 150/A2
Am Zeughaus 139/D2
Am Zirkus 138/B1
An der Spandauer Brücke 139/E1
An der Urania 148/C5
Andreasstraße 151/E3
Anhalter Straße 150/A5
Anna-Louisa-Karsch-Straße 139/E1
Annenstraße 139/F4–150/C4–151/D4
Ansbacher Straße 156/B1
Antwerpener Straße 142/C1
Archenholdstraße 153/E3
Aschaffenburger Straße 156/A3
Augsburger Straße 148/A5
Auguste-Viktoria-Straße 154/C3
Augustsraße 150/A1
AVUS 154/A2
Axel-Springer-Straße 139/E5

B

Babelsberger Straße 156/B4
Bachstraße 148/B3
Badensche Straße 156/A4
Badstraße 144/A1
Baerwaldstraße 158/B3
Bamberger Straße 156/B2
Barbarossastraße 156/B3
Barnimstraße 145/E5
Barstraße 155/E5
Bartningallee 148/B2
Bauhofstraße 139/D2
Bayerischer Platz 156/B3
Bayerische Straße 155/E2
Bayreuther Straße 137/F4
Bebelplatz 138/C3
Behrenstraße 138/A3
Bellevuestraße 149/E4
Belziger Straße 156/C4
Ben-Gurion-Straße 149/E4
Bergmannstraße 158/A3
Berkaer Straße 154/B5
Berliner Straße 155/E4–156/A4
Bernauer Straße 144/A3
Bernhard-Lichtenberg-Straße 141/D3–145/E3
Bertolt-Brecht-Platz 150/A1
Bethaniendamm 151/D5
Bethlehemkirchplatz 150/A4
Beusselstraße 142/A3
Beuthstraße 139/E4
Bielefelder Straße 155/E3
Birkenstraße 142/A4
Bismarckallee 154/A4
Bismarckplatz 154/B3
Bismarckstraße 147/D4
Bleibtreustraße 136/C5
Blissestraße 155/F4
Blücherstraße 158/A2
Bochumer Straße 142/B5
Böcklerstraße 158/C2
Boelckestraße 157/F4
Bouchéstraße 158/C2
Boxhagener Straße 152/B1
Brachvogelstraße 158/B2
Brahestraße 147/D5
Brandenburgische Straße 155/E1
Brauhofstraße 147/D2
Breite Straße 150/C3
Breitscheidplatz 137/E3
Brückenstraße 151/D4
Brüderstraße 139/E3–150/C3
Brüsseler Straße 142/C2
Brunnenstraße 144/A1
Buchberger Straße 153/D2

Buchholzweg 141/F2
Budapester Straße 137/E3
Bülowstraße 157/D1
Bundesallee 156/A1
Burggrafenstraße 148/C5
Burgstraße 139/E1

C

Calvinstraße 148/C2
Carl-Herz-Ufer 158/B2
Carmerstraße 136/C3
Caroline-Herschel-Platz 152/C2
Caspar-Theyß-Straße 154/B3
Cauerstraße 147/F3
Charlottenbrunner Straße 154/C3
Charlottenburger Brücke 137/D1
Charlottenburger Ufer 147/D2
Charlottenstraße 138/C2–150/A2
Chausseestraße 143/E3
Chodowieckistraße 145/E3
Christburger Straße 145/E3
Christstraße 147/E2
Cicerostraße 155/D3
Colbestraße 152/C2
Columbiadamm 158/A4
Cora-Berliner-Straße 149/F3
Corinthstraße 152/B3
Crellestraße 157/D4
Cunostraße 154/C5–155/D4

D

Damaschkestraße 155/D1
Danckelmannstraße 146/C4
Danziger Straße 145/E2
Dennewitzplatz 157/E2
Dennewitzstraße 157/E2
Derfflingerstraße 149/D5
Detmolder Straße 155/F5
Dircksenstraße 139/E1
Dohnagestell 142/A1
Dominicusstraße 156/B5
Donaustraße 159/E4
Dorotheenstraße 138/A2–150/A2
Dovestraße 147/F2
Dresdener Straße 150/C4–151/D4
Dreysestraße 142/C5
Droysenstraße 155/D1
Dudenstraße 157/E4
Düsseldorfer Straße 155/E2

E

Ebersstraße 156/C5
Ebertstraße 138/A4
Eggersdorfer Straße 153/F3
Eichkampstraße 154/A2
Einbecker Straße 153/E2

STRASSENREGISTER

Eisenacher Straße 156/C3
Eisenzahnstraße 155/D2
Elberfelder Straße 148/B2
Ellen-Epstein-Straße 142/B4
Else-Lasker-Schüler-Straße 157/D1
Elsenstraße 152/B4
Emmy-Zehden-Weg 141/F2
Emser Platz 157/F3
Emser Straße 155/F3
Engeldamm 151/D5
Eosanderplatz 147/D2
Eosanderstraße 147/D2
Erkelenzdamm 159/D2
Erkstraße 159/F5
Erna-Berger-Straße 149/F4
Erna-Samuel-Straße 142/A4
Ernst-Reuter-Platz 136/C1
Essener Straße 148/B1

F

Fanningerstraße 153/E1
Fasanenplatz 136/C5
Fasanenstraße 148/A4–156/A2
Fehrbelliner Platz 155/E3
Fehrbelliner Straße 144/B4
Fennstraße 143/D3
Feurigstraße 156/C5
Fichtestraße 159/D3
Fidicinstraße 158/A4
Finowstraße 159/F5
Fischerinsel 139/F3
Flemingstraße 149/D2
Flensburger Straße 148/B2
Flottwellstraße 157/E1
Flughafenstraße 159/D5
Föhrer Straße 142/C3
Fontanepromenade 158/C3
Forckenbeckstraße 154/C5
Frankfurter Allee 152/B1
Franklinstraße 148/A2
Franzensbader Straße 154/B4
Franz-Klühs-Straße 150/A5
Französische Straße 138/C3
Fraunhoferstraße 147/F3
Freiligrathstraße 158/C3
Friedbergstraße 146/C5
Friedelstraße 159/E4
Friedenstraße 145/E3
Friedrich-Ebert-Platz 149/F2
Friedrich-List-Ufer 143/E5
Friedrich-Olbricht-Damm 141/E1
Friedrichstraße 138/C3
Friesenstraße 158/B4
Fritschestraße 147/D3
Fritz-Elsas-Straße 156/B5
Fürstenbrunner Weg 140/A5–146/B1
Fuggerstraße 137/F5
Fuldastraße 152/A5–159/F5

G

Gardes-du-Corps-Straße 146/C2
Gaußstraße 141/E5
Geibelstraße 158/C2
Geisbergstraße 137/E5
Geißlerpfad 140/B3
Gendarmenmarkt 138/C4
Genter Straße 142/C1
Genthiner Straße 157/D1
George-Grosz-Platz 136/B4
Georgenstraße 138/B2
Gerichtstraße 143/E2
Gertraudenstraße 139/E4
Gertrud-Kolmar-Straße 138/B4
Gervinusstraße 155/D1
Geschwister-Scholl-Straße 138/C1
Gipsstraße 150/B1
Giselastraße 153/E3
Gitschiner Straße 158/B2
Gleimstraße 144/B2
Glinkastraße 138/C3
Glogauer Straße 152/A4
Gneisenaustraße 158/A3
Goebelstraße 140/A3
Goebenstraße 157/D2
Goethestraße 145/F1–147/D3
Goßener Straße 158/B4
Goltzstraße 156/C3–157/D2
Gormannstraße 144/C5
Gotenstraße 157/D2
Graefestraße 159/D3
Greifswalder Straße 145/E5
Grellstraße 145/E2
Grenzweg 141/E3
Grimmstraße 159/D3
Große Hamburger Straße 144/B5
Große Präsidentenstraße 150/B1
Großer Stern 148/C3
Grünberger Straße 152/B1
Gruner Straße 150/C2
Grunewaldstraße 156/B3
Gryphiusstraße 152/C2
Güntzelstraße 155/F3–156/A3
Guerickestraße 147/E2
Guineastraße 142/B1
Gustav-Freytag-Straße 156/C5
Gutzkowstraße 156/C5

H

Hagenstraße 154/A5
Halemweg 140/C3
Hallesches Ufer 158/A2
Hannah-Arendt-Straße 149/F3
Hansaplatz 148/B2
Hardenbergplatz 137/E2
Hardenbergstraße 136/C2
Harzer Straße 152/A5
Hasenheide 158/C3

Hauptstraße 156/C4
Hausvogteiplatz 139/D4
Heckerdamm 140/A2–141/D3
Hedemannstraße 158/A1
Heerstraße 146/A4
Hegelplatz 150/B2
Heidelberger Platz 155/E5
Heidelberger Straße 152/A5
Heidestraße 143/D3
Heilmannring 140/B3
Heinickeweg 140/B3
Heinrich-Heine-Straße 151/D5
Heinrich-von-Gagern-Straße 149/E2
Helmholtzstraße 148/A2
Helmstedter Straße 156/B3
Helsingforser Straße 158/A1
Herbertstraße 154/B3–157/D4
Hermannplatz 159/E4
Hermannstraße 159/E4
Herschelstraße 141/D5
Herthastraße 154/B3
Hertzallee 137/D2
Hildebrandstraße 149/D4
Hinter dem Zeughaus 150/B2
Hiroshimastraße 149/D4
Hirtenstraße 150/C1
Hochmeisterplatz 155/D2
Hochstraße 143/F2
Hofjägerallee 148/C3
Hohenstaufenstraße 156/B2
Hohenzollerndamm 154/B5
Holsteinische Straße 156/A4
Holteistraße 152/C2
Holtzendorffstraße 146/C4
Holzmarktstraße 151/D3
Hornstraße 157/F2
Horstweg 146/C3
Hubertusallee 154/B4
Hubertusbader Straße 154/A5
Humboldtstraße 154/C4
Hundekehlestraße 154/B5
Hussitenstraße 143/F2
Huttenstraße 141/F5

I

Ilsenburger Straße 141/E5
Innsbrucker Platz 156/B5
Innsbrucker Straße 156/B4
Inselstraße 139/F4
Invalidenstraße 143/E5–144/A4–149/D1

J

Jablonskistraße 145/E3
Jacobystraße 151/D2
Jägerstraße 138/C4–150/A3
Jafféstraße 146/C5
Jagowstraße 148/A2

STRASSENREGISTER

Mohrenstraße 138/B4
Molkenmarkt 139/F2
Mollstraße 151/D1
Mommsenstraße 136/B4
Monbijouplatz 139/D1
Monbijoustraße 139/D1
Monumentenstraße 157/E3
Moritzplatz 150/C5
Moritzstraße 158/C1
Motzstraße 156/A2
Mühlendamm 139/F3
Mühlenstraße 151/F4
Müller-Breslau-Straße 137/D1
Müllerstraße 143/D1
Münchener Straße 156/B2
Münzstraße 144/C5

N

Nachodstraße 156/A2
Naumannstraße 157/D5
Naunynstraße 151/D5
Nehringstraße 146/C2
Nestorstraße 155/D3
Nettelbeckplatz 143/E2
Neue Bahnhofstraße 152/C2
Neue Christstraße 146/C2
Neue Jakobstraße 139/F4
Neue Kantstraße 146/B4
Neue Krugallee 153/D5
Neue Roßstraße 139/F4
Neue Schönhauser Straße 150/C1
Neues Ufer 141/E4-147/F1
Neue Weberstraße 151/E2
Neufertstraße 146/C2
Neustädtische Kirchstraße 138/B2
Niebuhrstraße 136/A4
Niederkirchnerstraße 138/B5
Niederwallstraße 139/D4
Nikolaus-Groß-Weg 140/B4
Nöldnerstraße 153/D3
Nollendorfplatz 148/C5
Nonnendammallee 140/A3
Nordhauser Straße 147/D1
Normannenstraße 153/D1
Nostitzstraße 158/A3
Nürnberger Straße 137/E5-148/B5

O

Oberbaumstraße 152/A3
Oberwallstraße 139/D2
Oderberger Straße 144/C3
Ohlauer Straße 159/E2
Olbersstraße 141/D4
Oldenburger Straße 148/B1
Olivaer Platz 136/B5
Olof-Palme-Platz 137/F3
Oranienburger Straße 144/B5
Oranienburger Tor 150/A1

Oranienplatz 151/D5
Oranienstraße 150/B4-158/C1
Osnabrücker Straße 141/D5
Ostender Straße 142/C2
Ostseestraße 145/E1
Otto-Braun-Straße 151/D1
Otto-Dix-Straße 143/D5
Ottoplatz 142/B5
Ottostraße 148/B1
Otto-Suhr-Allee 136/B1
Otto-von-Bismarck-Allee 149/E2

P

Pallasstraße 157/D2
Pankstraße 143/E2
Pannierstraße 159/E4
Pappelallee 145/D2
Pappelplatz 144/B4
Pariser Platz 138/A3
Pariser Straße 136/B5
Passauer Straße 156/B1
Paul-Löbe-Allee 149/E2
Paulsborner Straße 154/C4-155/D2
Paulstraße 149/D2
Perleberger Straße 142/C4
Pestalozzistraße 147/D4
Pfalzburger Straße 136/C5
Pfarrstraße 153/C2
Pflügerstraße 159/E3
Planckstraße 138/C2
Platz der Luftbrücke 158/A4
Platz der Märzrevolution 150/B2
Platz der Republik 149/D2
Platz der Vereinten Nationen 151/E1
Platz des 18. März 138/A3
Platz des Volksaufstandes von 1953 (1) 150/A4
Pommersche Straße 155/E2
Potsdamer Platz 138/A5
Potsdamer Straße 157/D3
Prager Straße 156/A2
Prenzlauer Allee 145/D5
Prenzlauer Berg 145/D5
Prinzenstraße 152/C2
Prinzregentenstraße 156/A3
Puschkinallee 152/B4
Putlitzbrücke 142/C4

Q

Quedlinburger Straße 141/E5
Quellweg 140/A3
Quitzowstraße 142/B4

R

Rahel-Hirsch-Straße 149/E2
Rankestraße 137/D5
Rathausstraße 139/E2

Rathenauplatz 154/B2
Rathenower Straße 142/C4
Reichenberger Straße 159/D1
Reichpietschufer 149/D4
Reichsstraße 146/A3
Reichstagufer 138/A2
Reichweindamm 141/D2
Reinhardtstraße 138/A1-149/F1
Reinickendorfer Straße 143/E1
Reuterstraße 159/E4
Revaler Straße 152/B5
Rheinbabenallee 154/B5
Richard-Strauss-Straße 154/A5
Richard-Wagner-Platz 136/A1
Richard-Wagner-Straße 136/A1
Riedemannweg 141/E1
Ritterstraße 150/B5-158/C1
Rochstraße 139/E1
Rönnestraße 154/C1
Rohrdamm 140/A4
Rosa-Luxemburg-Platz 144/C5
Rosa-Luxemburg-Straße 150/C1
Rosenfelder Straße 153/F2
Rosenheimer Straße 156/B3
Rosenstraße 139/E1
Rosenthaler Straße 139/E1-144/B5
Rudi-Dutschke-Straße 138/C5
Rudolstädter Straße 155/D2
Rummelsburger Straße 153/E3
Ruschestraße 153/D1

S

Saarbrücker Straße 145/D4
Saatwinkler Damm 140/A1-141/D1-142/A2
Sachsendamm 156/C5
Sächsische Straße 136/C5
Saldernstraße 146/C4
Salzbrunner Straße 154/C4
Savignyplatz 136/C3
Schadowstraße 138/B2
Schaperstraße 137/D5
Scharnweberstraße 145/F1
Scheidemannstraße 149/E2
Schiffbauerdamm 149/F1
Schillerstraße 136/B2-147/D4
Schillingstraße 151/D3
Schillstraße 157/E2
Schinkelplatz 150/B3
Schleiermacherstraße 158/B3
Schlesische Straße 152/A3
Schloßplatz 139/E3
Schloßstraße 147/D2
Schlüterstraße 136/B3
Schöneberger Straße 199/F5
Schöneberger Ufer 149/D5
Schönhauser Allee 144/C5-145/D2
Schönleinstraße 159/D3

REGISTER

Im Register finden Sie alle in diesem Reiseführer beschriebenen Sehenswürdigkeiten, Museen, Unterkünfte, Gaststätten, Einrichtungen und Ausflugsziele sowie die Namen wichtiger Personen.

ABC

REGISTER

IMPRESSUM

SCHREIBEN SIE UNS!

> *Liebe Leserin, lieber Leser,*

wir setzen alles daran, Ihnen möglichst aktuelle Informationen mit auf die Reise zu geben. Dennoch schleichen sich manchmal Fehler ein – trotz gründlicher Recherche unserer Autoren/innen. Sie haben sicherlich Verständnis, dass der Verlag dafür keine Haftung übernehmen kann.

Wir freuen uns aber, wenn Sie uns schreiben.

Senden Sie Ihre Post an die
MARCO POLO Redaktion
MAIRDUMONT, Postfach 31 51
73751 Ostfildern
info@marcopolo.de

IMPRESSUM

Fotos: DerKlopp (21, 23, 31, 38, 45, 57, 78, 86, 93, 109); Huber-images: F. Carovillano (8), S. Lubenow (170); T. S. Kennedy (1); Laif: P. Adenis (14), D. Schwelle (13); mauritius images/Alamy: E. Breitz (73), W. Otto (51); mauritius images/John Warburton-Lee: D. Bank (34); Schapowalow/4Corners Images: René Staebler (123); M. Weigt (61, 66, 98, 103, 114, 128)

5., aktualisierte Auflage 2019
© MAIRDUMONT GmbH & Co. KG, Ostfildern
Gesamtredaktionelle Betreuung: derschönstesatz (Ronit Jariv), Köln
Lektorat und Satz: Sebastian Schaffmeister
Autorinnen: Tatjana Stella Kennedy, Christine Berger
Kartografie Cityatlas: © MAIRDUMONT, Ostfildern
Gestaltung Cover: Michael Schipke, MAIRDUMONT; Innengestaltung: Katharina Kracker

MIX
Paper from
responsible sources
FSC® C015829

48 h

> Spaß haben und jede Menge sparen! Wir haben Ihnen zwei erlebnisreiche Tage aus dem Band zusammen- und vergleichbaren, „normalen" Aktivitäten gegenübergestellt

SA Kaufen Sie sich am besten eine Tageskarte für Bus und Bahn und steuern Sie zunächst die **Gedenkstätte Berliner Mauer** *(S. 27)* an mit original erhaltenen Grenzanlagen mit Wachturm und Minengürtel. Auf zum Alexanderplatz! Von der **Panoramaterrasse des Park Inn Hotels** *(S. 40)* gegenüber vom viel teureren Fernsehturm haben Sie eine prima Sicht auf die Stadtmitte. Hunger? In der **Factory Kitchen** *(S. 63)* können Sie gut und günstig zu Mittag essen. Danach sorgt ein Besuch in einer der Foto- und Kunstausstellungen im **Willy-Brandt-Haus** für Kulturgenuss. Zum Abendessen bietet sich eine Brotzeit in der **Böse Buben Bar** an *(S. 52)*. Gute Unterhaltung bietet danach das **Prime Time Theater** im Wedding *(S. 30)* mit der beliebten Soap „Gutes Wedding, schlechtes Wedding". Hier bleibt kein Auge trocken, und wer gerne lacht, ist bestens versorgt. Abschließend kommen Sie bei der **Russendisko** im **Kaffee Burger** *(S. 89)* noch mal

in Fahrt. Im Morgengrauen schlummern Sie dann gut im **Circus Hostel** *(S. 106)* ein.

SO Nach einem Frühstücksbüfett im **Katz & Maus** *(S. 54)* zum Sparerpreis ist es Zeit für Natur, also raus zum **Erholungspark Marzahn**. Von der Innenstadt fahren Sie am besten mit der Straßenbahn M 8 (Tageskarte!) durch die endlos erscheinenden Häuserschluchten von Marzahn, Europas größtem Plattenbauviertel. Im Grünen angekommen, staunen Sie über die exotischen **Gärten der Welt** *(S. 42)* mit Chinesischem Teehaus, japanischen Gartenanlagen und toller Seilbahn. Weiter geht es zum Kulturprogramm nach Hellersdorf, zur **Museumswohnung** *(S. 26)* im Plattenbau. Dort können Sie eine typische DDR-Wohnung mit originalen Möbeln besichtigen. Vor dem Heimweg noch eine Stärkung? Mit der U 5 sind sie schnell in Friedrichshain und lassen sich in der **Fleischerei Domke** eine Blutwurst schmecken *(S. 62)*.

	LOW BUDGET		REGULÄR
SA			
Nahverkehr Tageskarte AB	7,00 €	5 BVG-Einzelfahrten	14,00 €
Gedenkstätte Berliner Mauer ..	🐷	Checkpoint-Charlie-Museum ...	12,50 €
Panoramaterrasse im Park Inn Hotel	4,00 €	Fernsehturm	13,00 €
Lunch in der Factory Kitchen (Tagesgericht)	8,00 €	Lunch im regulären Restaurant (3 Gänge)	15,00 €
Ausstellung Willy-Brandt-Haus	🐷	Ausstellung Staatliches Museum	10,00 €
Abendessen in der Böse Buben Bar	8,00 €	Abendessen im regulären Restaurant	15,00 €
Show im Prime Time Theater ..	15,00 €	Show im Quatsch Comedy Club	25,00 €
Russendisko im Kaffee Burger	5,00 €	Eintritt in reguläre Disko	12,00 €
Übernachten im DZ im Circus Hostel p. P.	37,50 €	Übernachten im DZ in regulärem Hotel (ohne Frühstück) p. P. ...	50,00 €
SO			
Frühstücksbüfett im Katz & Maus	5,00 €	Frühstücksbüfett in regulärem Hotel	15,00 €
Nahverkehr Tageskarte AB	7,00 €	4 BVG-Einzelfahrten	11,20 €
Gärten der Welt	7,00 €	Zoologischer Garten	15,50 €
Museumswohnung Hellersdorf	🐷	DDR-Museum (Nähe Museumsinsel)	9,50 €
Hausmannskost in der Fleischerei Domke	3,80 €	Hausmannskost im regulären Restaurant	12,00 €
GESAMT	**107,30 €**	**GESAMT**	**229,70 €**

> **GESPART**   **122,40 €**

48 h

> Zwei Tage im Luxus schwelgen und dabei ordentlich sparen: mit 48h Luxus Low Budget im Vergleich zu den regulären Preisen von Highclass Hotels und Co.

SA Wie wäre es mit einem **Show-Arrangement**, z. B. „Ghost – Das Musical" im Theater des Westens mit Übernachtung im 5-Sterne-Hotel Steigenberger *(S. 113)*, und einem Bummel über den legendären Ku'damm? Anschließend Lust auf Hummer im **KaDeWe** *(S. 69)*? Staunen Sie, was Deutschlands größtes Kaufhaus bereithält. Vielleicht finden Sie das eine oder andere Schnäppchen. Wenn nicht, halten Sie einfach ein Taxi an, fahren mit dem Kurzstreckentarif *(S. 15)* Richtung Westen, und steigen an der Bleibtreustraße aus. In der Nähe gibt es mit **Ariane, Madonna & Adon** *(S. 82)* und **Zweites Fenster** *(S. 83)* gleich drei Secondhand-Boutiquen mit Markenmode von Boss, Jil Sander und Co. für vergleichsweise wenig Geld. Entspannen Sie sich anschließend im Spa Ihres Hotels. Langsam wird es Zeit für den Showbesuch, der in ihrem Hotelpreis bereits enthalten ist. Zu Fuß sind Sie in nur zehn Minuten im **Theater des Westens** (s. o.),

wo Sie bei der dramatischen Liebesgeschichte von Molly und Sam (na, haben Sie auch schon das Lied „Unchained" im Kopf?) Tränen vergießen können ...

SO Nach dem Frühstück im Hotel, das im Preis enthalten ist, fahren Sie mit U- und S-Bahn zum **Brandenburger Tor**. Dort beginnt um 11 Uhr die **New Berlin Tour** *(S. 47)*, eine Stadtführung vorbei am Potsdamer Platz, Unter den Linden und Gendarmenmarkt, für die Sie hinterher nur bezahlen müssen, was es Ihnen wert war. Stärken Sie sich danach in der Nähe des Naturkundemuseums mit einem Lunch im **Reinstoff** *(S. 69)*, Berlins bestem Restaurant mit zwei Michelinsternen. Wie wäre es am späteren Nachmittag mit einem Konzert in der **Hanns-Eisler-Musikhochschule** *(S. 35)*? Hier geben Musikstudenten auf hohem Niveau kostenlos ihr Bestes. Ihre Koffer sind noch im Hotel? Der Bus 200 bringt Sie zügig wieder zurück.

LOW BUDGET
LUXUS WEEKEND

	LOW BUDGET		REGULÄR

SA

Steigenberger-Show-Arrangement p. P.	136,50€	Übernachtung im Steigenberger p. P.	106,00€
Hummer im KaDeWe	27,00€	Hummer im Gourmetrestaurant	45,00€
Spezieller Kurzstreckentarif Taxi	5,00€	Taxi regulär	7,00€
Kauf eines Designermantels im Edel-Secondhandshop	150,00€	Kauf eines neuen Designermantels	400,00€
Show im Theater des Westens (im Hotel-Arrangement enthalten)	🐷	Show im Theater des Westens	75,90€

SO

Frühstück im Steigenberger (im Hotel-Arrangement enthalten)	🐷	Frühstück im Steigenberger	20,00€
Nahverkehr Tageskarte AB	7,00€	3 BVG-Einzeltickets	8,40€
Stadtführung New Berlin Tour (Spende)	🐷	Reguläre Stadtführung	17,00€
2-Gänge-Lunch im Gourmetrestaurant Reinstoff	45,00€	2-Gänge-Lunch in regulärem Gourmetrestaurant	65,00€
Konzert Hanns-Eisler-Musikhochschule	🐷	Konzerthaus Berlin	35,00€

GESAMT	**370,50€**	**GESAMT**	**779,30€**

> GESPART   408,80€